BRIAN GAGG

WORTSUCHRÄTSEL 4 in 1 SAMMELBAND

70iger, 80iger und 90iger Jahre

Bibliografische Information der Deutschen Nationalbibliothek:
Die Deutsche Nationalbibliothek verzeichnet diese Publikation in der Deutschen Nationalbibliografie; detaillierte bibliografische
Daten sind im Internet über http://dnb.dnb.de abrufbar.

Herstellung und Verlag: BoD – Books on Demand, Norderstedt
ISBN: 9783755700647

Inhaltsangabe Seite

Einleitung

Auf den folgenden Seiten finden sich thematisch sortierte Wortsuchrätsel. Um ein Wortsuchrätsel zu lösen, müssen alle jeweils aufgelisteten Worte in der darüber befindlichen Buchstabenmatrix gefunden werden. Ist ein Wort gefunden, sollte es mit einem Stift umkreist und das gefundene Wort aus der Liste gestrichen werden. Sind alle Worte aus der Liste gefunden, ist das Rätsel gelöst. Die zu findenden Worte sind jeweils als ganzes (d.h. immer nur in einer Richtung und ungebrochen) in der Matrix nach folgenden Regeln versteckt:

- Suchworte können sich überlagern, d.h. ein Buchstabenkästchen kann von mehreren Suchworten genutzt sein.
- Worte können vorwärts, rückwärts, horizontal, vertikal oder diagonal in der Matrix versteckt sein.
- Suchworte stehen für sich alleine und sind untereinander und/oder nebeneinander aufgelistet.

M	F	E	U	K	V	V	N	S	A	X	U	L	F	T	F	F	F	R
U	R	U	H	D	H	E	E	C	Q	S	A	X	N	C	A	X	P	F
Z	P	P	I	M	U	U	K	I	D	E	U	F	D	I	H	G	O	U
D	E	M	P	J	B	D	G	N	K	D	S	G	D	O	U	F	V	Z
Y	W	X	J	V	I	O	W	U	P	C	B	P	U	V	H	S	B	Y
O	T	S	K	J	W	R	A	S	H	E	X	D	O	S	M	J	T	Q
E	Z	I	X	D	T	Q	N	O	T	T	Q	N	N	A	F	P	Q	P
Q	S	E	W	O	M	I	K	J	V	E	Y	V	R	E	L	E	P	F
P	W	H	B	I	M	O	D	Y	I	Z	E	T	C	P	G	U	J	N
S	K	J	A	X	R	V	S	R	C	M	I	R	G	T	G	M	N	L
S	C	K	O	I	L	E	I	I	D	E	M	M	T	F	I	X	O	N
G	U	M	E	B	T	F	Z	M	S	N	Z	I	E	P	M	E	B	W
Y	F	G	L	O	J	Q	U	W	L	U	U	E	Y	G	V	Q	N	N
Z	E	E	S	Y	S	R	E	I	T	E	K	S	U	M	O	V	O	P
L	A	S	B	C	R	E	D	I	A	R	C	C	B	V	B	W	B	Y
F	Z	G	U	E	K	Z	U	T	L	N	F	K	V	O	U	O	U	U
Z	W	Z	Y	M	H	P	F	L	H	J	C	C	N	M	I	I	A	A
F	R	H	J	C	B	R	T	S	R	Q	C	I	S	V	V	Q	K	D
Q	L	E	R	X	A	I	X	O	F	J	T	Q	R	V	T	P	I	Z
K	X	O	E	I	V	Y	E	U	E	O	S	Z	Q	O	M	D	D	Z
T	U	J	R	O	D	K	S	V	S	Y	T	S	V	F	Y	Y	L	G
L	Q	Q	O	I	M	M	G	Y	F	J	E	W	I	W	N	O	S	P
H	H	I	G	S	D	Y	E	G	L	W	B	J	R	I	M	M	I	H
U	P	K	S	R	S	A	E	R	P	Z	J	N	L	H	E	K	M	A

BONITOS
TREETS
RAIDER
SMARTIES
SUGUS KAUBONBON

FIX UND FOXI GUM
HIMMI JIMMI EIS
MUSKETIERS
SCHOKORIEGEL
FLORIDA BOY

B	B	T	N	P	L	S	J	W	Q	V	X	H	O	N	R	Z	J	U
P	O	R	P	B	E	G	E	G	K	Y	D	P	J	G	R	I	M	A
C	I	I	S	T	X	Z	L	X	K	Z	I	H	L	C	P	O	X	B
R	L	V	H	H	N	J	R	Q	A	T	P	T	H	P	I	A	K	Z
X	X	P	V	I	Q	A	B	X	K	Q	M	P	Q	X	S	K	L	C
H	E	F	H	V	Q	V	F	A	F	T	T	S	K	D	P	S	R	O
L	M	G	W	J	F	N	X	N	Q	F	U	T	S	J	I	O	G	O
E	O	O	E	T	A	T	K	M	E	U	H	G	P	J	T	Q	Z	P
K	A	A	U	I	D	J	I	K	F	U	F	H	V	B	I	B	I	N
I	I	S	H	B	S	P	G	G	V	F	R	Y	P	N	M	Z	F	E
F	F	O	I	V	X	K	R	J	U	Y	L	G	M	M	O	Q	I	H
G	G	R	G	N	T	L	O	I	V	Y	F	D	M	X	L	S	R	C
L	J	A	A	E	B	T	K	N	C	B	F	E	A	A	O	U	V	H
X	R	N	R	S	R	C	X	C	F	K	I	H	U	E	D	N	T	C
K	O	G	G	J	A	Q	D	O	I	E	E	X	C	I	M	K	B	S
T	F	E	L	B	U	N	N	Z	T	E	K	L	N	D	V	I	D	E
L	L	I	N	E	N	P	O	W	M	K	N	T	A	S	Y	S	S	A
G	J	N	E	H	E	J	K	Q	E	O	O	S	O	Q	A	T	G	L
G	J	Z	M	T	R	J	Z	Q	B	D	R	E	I	E	C	K	K	F
L	M	W	B	G	K	C	R	N	N	H	C	S	I	R	F	E	C	A
Z	S	X	R	K	U	Y	O	Q	I	T	Z	E	E	D	K	A	R	L
W	I	B	R	E	A	B	V	P	O	T	X	K	K	D	A	W	P	O
B	E	X	K	R	A	L	G	K	V	K	Z	O	B	I	R	A	H	C
N	H	L	P	D	M	B	N	D	T	W	O	C	L	U	Y	Y	J	Z

2

1970iger Süßigkeiten

ORANGE
HARIBO
COLAFLAESCHCHEN
GRUENFANT EIS
BRAUNER BAER
EISKONFEKT
CEFRISCH
PRICKEL PIT
PEZ BONBON
DOLOMITI
SUNKIST DREIECK
TRI TOP

O	R	S	Q	U	R	B	W	E	E	A	P	K	T	T	A	G	N	F
I	Z	N	K	P	R	V	Z	S	G	D	A	M	F	P	R	H	K	I
I	Z	O	N	P	X	S	O	F	O	M	C	K	P	U	N	C	Q	I
P	N	M	F	O	M	D	A	Q	E	Z	A	O	B	G	A	U	Z	S
L	R	D	A	K	R	M	M	R	B	X	D	R	M	Z	U	A	K	T
K	Z	D	Q	A	A	Y	A	R	F	D	E	O	O	I	U	A	N	Q
F	R	T	P	T	C	X	R	K	V	T	K	Q	H	D	C	A	Z	Y
U	R	S	I	D	N	E	L	B	T	D	U	Y	O	C	F	S	B	U
C	F	K	J	G	N	A	I	I	O	T	Q	T	F	E	T	O	Q	H
V	X	E	U	N	X	K	R	Q	J	Y	I	F	L	S	S	W	J	U
C	R	U	P	C	L	C	E	E	F	U	S	E	X	E	C	B	H	T
Y	N	Z	S	W	D	K	M	L	I	X	Z	N	O	I	L	A	Q	H
C	R	O	R	E	Y	F	A	M	W	K	K	G	A	F	B	V	R	F
A	N	J	H	R	E	Z	K	Z	C	X	C	J	C	E	G	N	I	B
A	W	Q	N	V	U	S	J	J	N	M	Y	I	T	N	R	T	N	D
B	L	E	F	A	T	R	E	B	U	A	Z	E	W	H	W	S	A	O
P	D	K	V	K	X	J	T	S	N	J	N	R	Y	A	T	Q	L	T
V	V	L	G	K	U	O	M	T	T	G	J	O	V	L	O	E	O	K
W	R	F	Z	V	R	N	F	T	A	G	W	Z	B	T	C	O	C	S
W	O	H	C	T	E	K	S	M	Z	K	C	H	M	E	H	M	T	M
U	Z	B	Z	R	W	B	V	I	M	X	R	H	K	R	R	Z	N	O
X	I	D	D	F	A	L	A	E	V	J	T	A	Y	J	L	E	Y	Q
O	Z	O	O	U	E	D	L	U	K	Q	I	V	Y	Q	D	I	Y	H
G	P	Z	T	U	Y	E	B	G	B	K	D	D	M	S	C	M	C	M

1970iger Produkte

MAGNET SEIFENHALTER
BONANZA RAD
COLANI ELEFANT SPARDOSE
BLENDI
AGFAMATIK KAMERA

WICKIE
ZACK COMICS
SKETCH
ZAUBERTAFEL
RITTERBURG

O	D	V	M	Y	F	E	H	R	L	T	I	T	Z	R	L	Q	U	G
H	D	T	J	E	A	N	S	T	T	H	L	H	N	H	K	C	Y	T
C	E	P	Y	D	J	L	I	A	C	U	N	U	N	E	N	N	O	Q
I	E	L	L	H	L	W	C	S	W	T	P	U	Y	G	A	L	O	U
V	B	D	E	J	T	G	T	T	T	Y	Q	B	V	T	V	I	E	B
B	V	N	I	I	J	N	E	E	V	O	U	W	B	P	Y	R	T	Y
P	T	J	O	P	A	H	Z	N	D	I	E	R	C	K	E	P	P	S
R	S	W	W	L	S	M	K	T	K	A	J	K	G	B	B	S	D	U
E	A	Q	P	C	O	D	C	E	N	Q	P	B	L	E	Y	F	M	A
N	L	A	L	F	L	O	U	L	M	W	K	N	G	O	O	A	O	H
N	T	T	J	Q	X	J	N	E	C	C	V	E	Z	P	D	I	Z	V
B	A	W	F	I	W	Z	T	F	V	B	L	K	A	C	J	N	B	X
A	T	C	U	E	N	E	F	O	Q	F	E	N	K	S	P	D	U	C
H	L	R	S	B	H	G	N	N	Y	C	W	R	Y	T	R	K	M	A
N	E	G	W	F	B	L	L	D	H	L	W	C	C	M	C	S	T	R
U	W	U	N	P	C	J	Y	E	E	A	C	X	T	D	P	Z	W	R
N	M	G	Q	C	R	N	O	K	R	L	K	Q	M	M	A	D	B	E
B	A	R	B	A	P	A	P	A	S	S	I	R	Y	D	T	H	P	R
K	G	D	S	Y	N	V	O	P	Y	A	J	N	T	P	M	V	R	A
B	B	I	C	O	D	Y	D	J	O	F	Z	C	D	E	R	J	I	R
A	N	J	B	C	R	J	G	L	Z	O	A	Z	O	U	V	D	P	M
L	H	H	V	S	R	G	K	W	M	Z	G	D	J	V	K	S	R	V
P	G	V	D	I	W	W	R	K	V	F	G	D	P	P	V	B	P	F
U	X	F	D	D	J	T	Z	S	K	I	I	Z	P	X	Y	Q	R	I

1970iger Produkte

CARRERA RENNBAHN
JINGLERS JEANS
TASTENTELEFON
YPS HEFT
DISCO
WUM UND WENDELIN
PLANTSCHI
BARBAPAPA
DIERCKE WELTATLAS
PRIL

Y	Z	D	Z	A	W	K	G	A	C	T	S	K	B	L	K	I	D	O
M	B	T	E	P	E	J	J	D	V	K	S	H	H	Q	F	U	H	H
R	W	I	I	C	M	F	I	N	V	Y	B	Y	D	W	X	D	U	H
W	B	M	C	T	M	F	C	R	H	Q	S	B	R	H	R	Z	R	O
L	F	O	H	H	I	N	Q	Y	I	G	W	V	K	M	W	C	K	R
A	W	T	E	G	R	T	S	M	R	B	X	A	P	J	C	T	M	T
V	B	E	N	B	T	V	F	L	G	Y	U	T	B	A	K	C	M	E
A	U	I	S	U	V	U	K	L	I	F	D	M	P	M	O	J	X	N
L	M	G	C	P	S	I	L	I	H	E	A	D	W	F	T	W	A	A
A	V	Y	H	T	T	X	T	A	H	B	L	W	M	M	Y	J	V	C
M	J	Z	A	R	R	Z	U	O	E	F	A	W	G	X	X	L	L	A
P	E	U	B	L	I	S	G	V	P	H	B	Z	M	S	Q	K	Q	H
E	P	E	L	B	C	P	E	R	R	Y	O	Y	O	H	H	L	S	M
P	G	I	O	Y	K	A	G	E	F	M	V	S	S	O	G	O	H	X
K	X	W	N	A	L	W	O	D	A	U	D	R	R	C	K	K	A	F
O	J	L	E	C	I	R	H	O	D	O	N	X	R	Y	A	A	M	T
Z	Y	G	N	V	E	H	R	X	M	Y	M	F	K	Z	K	W	P	O
E	R	A	W	B	S	O	L	B	D	J	D	L	C	E	M	H	O	B
U	D	E	H	U	E	V	B	K	B	E	X	B	A	B	L	I	O	I
V	B	C	Q	O	L	K	A	L	L	E	T	U	N	U	N	O	V	H
G	I	G	S	U	H	F	O	S	X	D	I	O	X	I	H	H	J	T
D	H	N	F	E	N	T	X	C	R	E	R	D	T	E	L	Y	P	R
Q	E	M	N	O	J	A	F	T	A	J	P	J	F	B	U	R	F	Z
S	G	W	M	U	G	W	V	H	K	P	A	G	K	Z	N	D	D	R

5

1970iger Produkte

LAVALAMPE
TRIMM DICH
HORTEN KAUFHAUS
PERRY RHODON
STRICKLIESEL
TIMOTEI SHAMPOO
BAZOOKA GUM
NUTELLA ZEICHEN
SCHABLONEN
SENSO

P	K	U	Q	W	B	I	T	N	V	F	S	S	B	P	X	B	J	Z
V	V	E	S	C	H	U	L	R	A	N	Z	E	N	C	W	V	A	D
E	H	T	T	Z	G	S	P	H	D	D	N	T	Z	L	V	T	R	Y
O	H	O	G	I	B	T	Q	U	A	K	Z	N	E	L	G	N	I	S
U	I	H	Y	F	W	O	K	D	A	I	Q	T	X	S	B	I	E	C
O	P	S	H	B	S	M	O	M	N	W	S	Y	W	C	Z	F	L	G
M	J	N	Q	C	N	H	R	N	Q	T	X	B	D	H	I	R	Z	C
Z	M	Q	O	Y	D	V	K	H	Y	Z	T	F	K	A	N	W	G	J
T	G	U	S	U	K	X	G	R	C	L	J	L	Y	L	U	Z	Q	Q
V	T	C	F	S	L	O	O	C	B	S	E	S	I	L	G	F	I	S
A	K	K	W	H	H	P	E	B	O	M	M	G	N	P	S	I	K	T
M	L	K	K	I	O	B	S	V	E	E	A	F	E	L	M	Y	R	I
P	A	N	F	R	F	N	B	N	F	X	V	F	V	A	A	G	B	E
I	P	A	O	R	P	P	T	A	G	R	I	D	E	T	I	J	V	L
R	P	X	M	M	D	I	Z	A	N	M	D	N	L	T	L	X	P	E
G	R	C	V	O	N	I	P	K	F	I	F	W	K	E	E	Z	E	I
E	A	O	R	E	O	A	J	W	J	L	C	P	N	N	D	B	N	S
B	D	M	U	K	E	N	G	O	U	T	U	K	I	E	C	K	J	A
I	V	I	Y	F	L	K	B	G	T	U	P	P	E	R	W	A	R	E
S	G	C	Z	H	M	S	Z	O	T	Q	C	W	V	H	D	U	W	I
S	F	L	I	P	P	E	R	Z	O	G	H	L	E	X	G	C	Z	L
Z	F	W	Y	M	U	Z	Z	E	F	T	Y	X	L	X	P	L	T	I
Z	M	V	Y	G	N	M	F	G	X	A	S	C	K	J	W	V	E	D
W	Z	E	N	O	J	J	J	Y	L	Y	H	Q	E	C	A	C	W	D

STYROPOR FLUGZEUG
SCOUT SCHULRANZEN
EVELKNIEVEL
KNAXCOMIC
VAMPIRGEBISS

TUPPERWARE STIELEIS
KLAPPRAD
SINGLE SCHALLPLATTEN
FLIPPER
ARIEL KLEMENTINE
MOONBOOTS

T	S	G	M	Y	T	R	Z	S	C	H	I	C	K	E	R	I	A	G
R	A	S	G	I	O	G	T	B	Y	F	B	H	Y	Y	S	W	N	E
U	C	L	O	G	S	Y	L	R	S	M	Y	F	G	J	O	K	S	M
G	K	K	F	C	X	N	Q	X	D	P	L	J	A	F	A	I	D	E
S	Z	E	I	R	H	B	L	H	C	O	B	W	Q	S	R	D	N	G
T	J	P	Z	M	N	E	A	S	K	X	C	C	S	K	V	O	C	Z
I	T	O	P	H	X	S	G	A	L	R	X	E	L	B	Z	K	O	A
E	Y	M	N	H	X	Y	T	N	H	D	T	E	X	R	E	Z	U	S
H	L	E	A	R	Q	I	X	F	J	T	O	N	E	G	P	E	T	P
R	L	T	W	K	K	Q	K	A	E	G	T	G	A	R	S	O	J	G
E	G	T	N	K	L	P	Z	N	I	J	N	O	C	O	F	F	W	J
H	H	I	V	E	X	L	R	L	N	E	N	O	H	U	R	X	A	J
C	H	G	X	V	H	E	V	G	A	B	N	G	E	X	A	X	Q	M
I	G	E	C	K	K	C	I	G	F	D	A	I	N	L	E	D	Z	U
S	Q	L	J	O	J	U	S	X	M	L	T	U	U	E	T	P	R	N
B	B	X	R	I	F	S	O	T	H	R	M	G	G	K	M	I	E	K
H	S	D	M	B	U	H	T	C	A	Y	W	I	I	U	T	T	C	S
I	E	U	F	F	B	P	S	B	F	L	O	R	X	Y	H	N	P	A
R	Z	A	C	A	F	N	G	N	P	W	S	V	K	E	H	O	C	H
F	E	H	X	L	P	T	A	F	L	Y	X	U	K	E	Z	P	K	G
Z	V	X	C	O	K	E	M	H	F	B	I	J	S	P	G	S	V	Q
Y	Z	V	J	V	E	N	C	F	A	R	J	G	T	E	L	W	L	T
G	V	Y	Z	E	P	H	O	B	R	H	U	B	F	X	J	V	T	E
H	U	B	O	K	D	G	T	M	O	D	F	E	N	P	I	P	E	M

FLOKATI
METTIGEL
CLOGS
JESUSLATSCHEN
SCHLAGHOSE
KASSETTENREKORDER

SCHICKERIA
RAF
SPONTI
SICHERHEITSGURT
FUSSGAENGERZONE
OELKRISE

K	G	J	Z	L	F	Y	D	L	O	R	A	H	R	I	A	P	D	E
I	W	D	N	X	X	T	J	S	I	V	I	W	G	D	N	A	Y	K
F	A	C	H	V	K	B	C	T	U	B	E	E	L	L	U	A	G	L
G	Z	C	B	B	R	K	A	E	S	T	N	E	R	Q	K	M	Y	G
C	K	X	L	O	N	K	W	B	C	O	Q	F	Q	G	O	G	V	U
L	M	I	L	O	U	I	S	D	P	J	C	A	T	R	Z	W	Q	B
C	Q	R	X	E	B	C	K	S	E	I	R	B	R	S	H	S	Z	I
I	E	D	E	P	C	Z	F	N	C	M	G	I	V	U	W	N	H	A
C	X	N	L	G	W	U	O	O	S	Z	S	Y	W	F	L	M	V	L
R	R	E	C	E	W	W	R	T	G	O	X	E	I	N	L	T	X	X
Q	R	H	H	E	D	J	R	B	N	T	O	L	K	I	E	N	U	J
H	C	J	A	L	Y	O	E	W	I	C	V	C	H	R	S	S	H	S
W	J	J	N	H	N	C	M	P	X	U	H	E	I	V	Q	R	R	B
X	J	K	E	G	J	S	O	E	A	U	D	A	Y	N	Z	A	E	S
R	X	J	L	W	A	B	M	Z	R	B	J	R	R	I	K	W	K	B
U	J	C	Q	B	S	U	W	F	D	S	L	H	K	L	R	A	R	D
P	L	I	G	E	R	V	E	H	F	F	O	O	G	R	E	B	A	U
X	N	Z	N	L	G	R	Y	O	I	X	R	O	Z	E	F	S	B	V
B	X	D	G	B	N	X	A	M	L	Z	E	H	J	W	I	B	K	L
D	P	M	S	A	P	M	I	Z	X	L	P	I	C	A	S	S	O	N
R	H	W	N	O	I	J	A	Y	S	W	O	W	S	A	Q	C	C	Q
E	L	D	C	C	F	L	E	R	I	C	H	Y	U	A	Q	O	U	Y
S	E	X	W	D	F	B	K	R	Q	E	O	I	D	F	P	C	X	D
L	A	T	Q	X	J	H	N	Q	L	X	R	E	S	U	H	O	U	L

gestorben
1970-74

1970
JIMI HENDRIX
CHARLES DE GAULLE

1971
COCO CHANEL
FERNANDEL
HAROLD LLOYD
LOUIS ARMSTRONG
JIM MORRISON

1973
PABLO PICASSO
LEX BARKER
BRUCE LEE
JRR TOLKIEN

1974
ERICH KAESTNER

D	X	L	Z	L	U	E	W	N	D	C	L	A	N	U	M	E	X	Y
K	A	N	I	W	Z	T	G	F	C	O	W	O	Z	S	Y	O	Z	I
L	A	N	G	G	I	P	N	O	R	Z	B	N	T	J	Y	A	U	N
E	H	M	W	C	Z	C	S	G	P	A	I	U	P	I	H	M	O	U
H	Z	U	A	M	U	H	B	J	J	E	N	H	W	C	O	V	R	L
B	P	O	C	Q	B	A	Z	Q	H	K	W	K	R	H	X	O	E	O
X	A	D	J	F	F	R	N	V	U	A	H	O	E	Y	J	H	P	U
U	Q	K	Z	Z	R	L	F	U	Z	T	S	Q	A	N	R	N	L	Z
T	K	A	E	P	J	I	K	G	A	B	R	V	J	S	F	I	G	V
C	T	X	S	R	K	E	N	S	Y	R	U	U	I	R	Y	E	T	D
B	E	E	W	E	R	N	H	E	R	J	B	V	T	I	E	O	L	O
D	B	I	N	R	A	N	J	J	Y	A	L	Y	X	O	L	O	A	D
T	B	B	J	T	G	U	B	Y	G	E	N	W	O	G	S	O	T	W
H	F	I	Z	S	W	B	C	G	O	F	G	A	I	T	E	I	E	G
H	K	T	F	W	O	T	J	M	T	M	I	Y	E	C	R	C	I	W
C	J	D	R	C	V	L	D	Z	T	M	W	N	N	N	P	G	N	B
W	X	R	I	E	E	I	D	O	F	A	D	E	I	V	H	P	N	F
K	S	A	T	S	R	D	C	X	R	R	U	H	H	V	R	O	C	Q
N	L	H	Z	D	H	I	S	H	I	C	L	L	P	O	E	F	J	G
B	U	R	A	R	O	M	A	P	E	A	Y	J	E	N	T	A	K	B
K	A	E	I	A	E	X	S	V	D	D	U	Z	S	H	E	O	Y	C
C	P	D	E	H	V	Z	P	B	I	N	G	G	O	U	P	M	M	U
X	C	S	C	R	E	G	V	F	H	U	R	Q	J	N	C	H	X	G
V	G	A	Y	E	N	K	V	Z	N	I	L	P	A	H	C	O	X	T

9

1975
PAUL VERHOEVEN
JOSEPHINE BAKER

1976
FRITZ LANG
GOTTFRIED VON CRAMM

1977
LUDWIG ERHARD
WERNHER VON BRAUN
ELVIS PRESLEY
BING CROSBY
CHARLIE CHAPLIN

1979
PETER FRANKENFELD
HEINZ ERHARDT
JOHN WAYNE

```
I O S N Q O W D Q F U I C E H B H U O
U X X I W H B N D Y R Z T G M L E N F
V H G X L O W M Z J V L Y H J M B E K
C X O R I W K A A E O A V O F U X H J
Z Q C J K R E P W P A R Q V Q N V E N
D T S Y E X N G X Q Y B P M M A I S C
C T P R N C I H C N G A M K F J Q N V
P W M H E E U G G G E F G S F K A R C
E A Y J E I Z A R E C U Q M T F H E A
F F L L O F Z N H E V D M Q V D O F P
L E L K Y H S E E C E M V Y G F F B O
L B M S D O Z H H R S N L W V M D R L
A B J G R I D T G N G R P F W M A A L
F X Z N F T L P A N U D A E E K W F O
E Z E L P K T M H C U C Q W A C A V D
I E T R Q A E Z L B R N Z O U C I X T
N I Z M J V R D F W S L N V S H E E F
K E R K A S B M M E A S J E I C C E S
D I E K A E T R L X G C W G R Q F G M
S K A Q E Z Y T U K Z E U Q L T V O Z
J R E H K N A K I M U M J D T K F H U
C S E R G E H I A C C P K Z S S F O S
P O D X B W M O K M F B G Y E L R P B
Z T E S E G M R E A L G U L F Z I P O
```

1970iger Ereignisse

1970
- KNIEFALL WARSCHAU
- FARBFERNSEHEN
- APOLLOD REIZEHN
- TRENNUNG BEATLES

1971
- AERZTE OHNE GRENZEN
- FLUGLAERMGESETZ
- GREENPEACE NEU
- PATENT AIRBAG
- ERSTE EMAIL
- ERSTES MCDONALDS

1972
- TRANSITABKOMMEN
- SCHWULENDEMO
- SENKUNG
- WAHLALTER
- FRAEULEIN ZU FRAU
- GRUENDUNG ATAR
- GRUENDUNG SAP

1973
- WATERGATE
- GHETTY
- ENTFUEHRUNG

H M B M G R U E N D U N G E R S T E B
O S Z K R E M M U N F U R T O N R K O
F U E N F O E N T F U E H R U N G E H
Y T L V G I A N O S T F V N Y R L R H
L Y O S F P Q S U X G H M G E K T V Y
N V A Y D C A M C E I X K F R E O G G
O E L B O Y K O T T R N O I H O B R P
M G S T A R T G Z C H S S W P B R T I
Z E N S Y E V E S B Q E T U M G E U P
Y X T I H A K I T S R D N E A E V H E
P F S A K E W R A Q H K J U R I R T L
E I R P L I G K U F T F T E D R H T I
R M R Z L L V F W E D O I N A K A I N
N W X P V M V L Y C S N A C R M F R E
K O Q K R N A O X H H L H E T A S T T
R B M U S N B G Z E H T P F N N G K F
I W B E V H A N I C Z U O S T T A C W
E W M I U L E T S E B S M F R E T E C
G Z T H A R L T H L O B A C A I N U E
F U P S O I U N I R I R L K T V N R E
L A K L C E H K C A G E T O S A O R F
X A D H D Q M I J Z I H A O H R S L Q
U R E N D E M J A N D S U G A V O O E
T G O X H X J P S D L M I E W G Q Z E

1970iger Ereignisse

1973

EINHEITLICHE NOTRUFNUMMER
ERSTE OELKRISE
OELBOYKOTT
DEUTSCHLAND WM
VOLLJAEHRIGKEIT ACHTZEHN
AUTO PUNKTE
ERSTER GOLFKRIEG
ENDE VIETNAMKRIEG
ALASKA PIPELINE

1974

SONNTAGSFAHRVERBOT
RUECKTRITT NIXON
ZYPERNKRIEG
REPUBLIK MALTA
START VW GOLF

1975

LORENZ RAF ENTFUEHRUNG
GRUENDUNG MICROSOFT
FUENF EURO METALL
START VIKING EINS

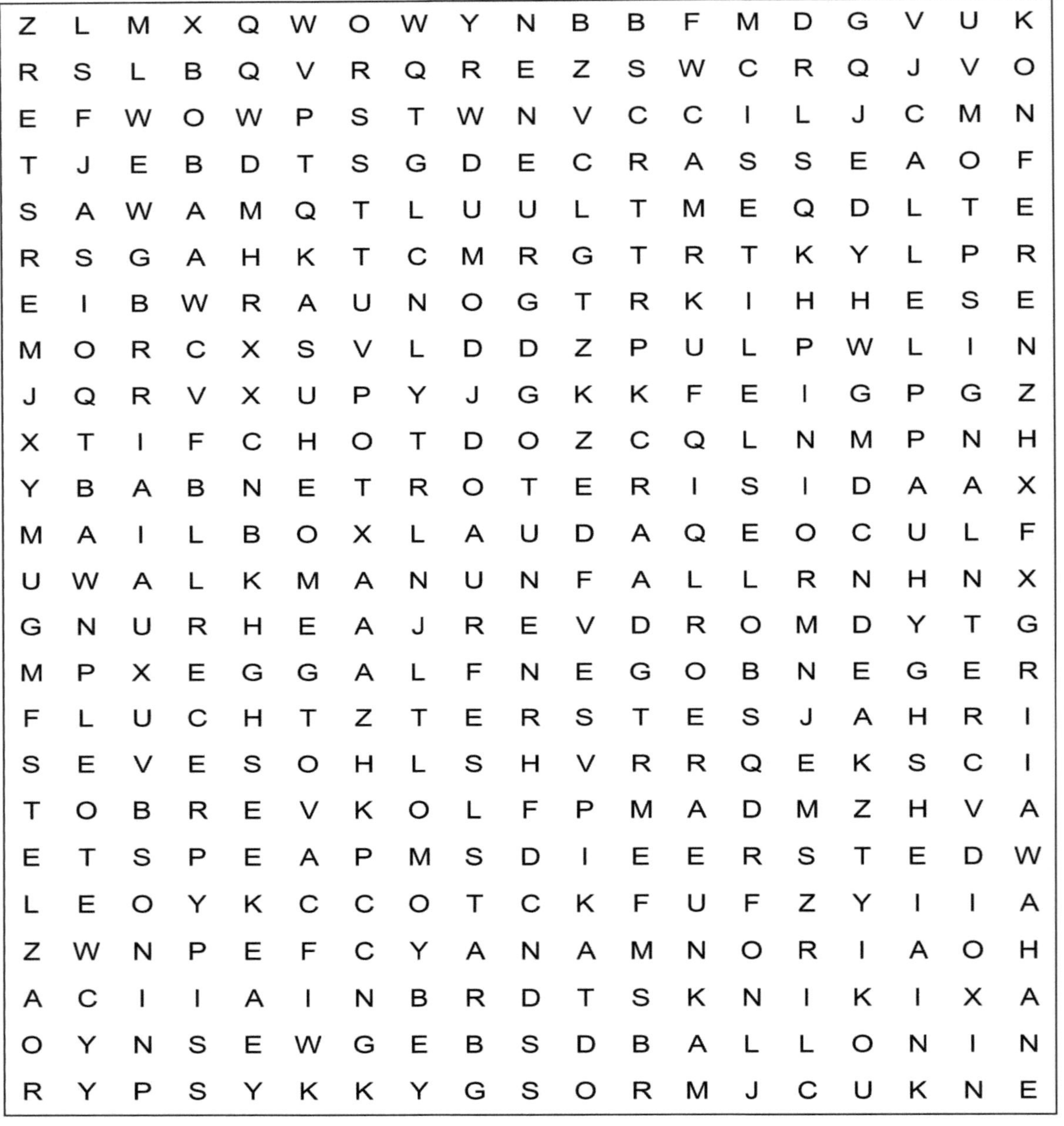

12

1970iger Ereignisse

1976
GURTPFLICHT
GRUENDUNG APPLE
NIKI LAUDA UNFALL
SEVESO DIOXIN

1977
WOW SIGNAL
DAMPFLOKVERBOT
STAR WARS

1978
ERSTES
RETORTENBABY
ERSTE MAILBOX CBBS
REGENBOGENFLAGGE
DREI PAEPSTE JAHR
ERSTER IRONMAN
HAWAII

1979
DIE GRUENEN
KEINE
MORDVERJAEHRUN
WELTKLIMA
KONFERENZ GENF
WALKMAN SONY
DDR FLUCHT BALLO

D	B	J	C	T	A	Y	S	U	M	M	E	R	T	I	M	E	D	T
O	Z	W	Z	W	I	Z	L	X	N	K	D	B	L	C	U	U	H	P
S	J	B	F	K	Q	P	A	O	I	S	P	I	R	I	T	E	W	U
F	H	O	E	O	V	W	F	F	W	J	L	P	W	V	K	Y	O	J
K	C	W	C	D	Y	P	A	R	A	N	O	I	D	A	V	K	G	B
N	P	Q	D	G	N	W	K	F	I	L	T	M	N	L	L	P	Q	F
L	X	S	Q	B	S	Y	V	I	V	E	P	L	R	O	K	O	K	N
L	Q	N	I	H	U	C	M	W	Q	P	K	I	Z	A	Y	L	L	P
E	W	Z	I	Q	G	R	V	V	S	L	N	A	Y	E	G	C	V	T
C	Y	T	M	X	A	N	Q	Y	Z	Y	N	J	L	J	T	U	Y	H
G	A	I	R	Y	R	L	R	B	A	V	H	L	R	C	R	T	S	E
A	V	C	N	V	O	T	Q	C	F	A	O	P	D	G	Y	X	K	Q
Q	Z	B	R	V	R	R	I	K	K	W	N	I	U	U	A	H	S	I
U	K	U	E	S	N	X	X	V	Z	W	R	H	T	L	W	U	T	K
V	G	B	X	F	O	A	R	I	R	I	A	R	E	E	W	B	F	H
T	J	G	K	P	C	N	L	Q	V	N	A	B	H	T	I	Y	S	W
N	L	X	M	E	O	K	G	E	D	X	R	I	P	S	P	S	K	B
Q	I	K	S	R	B	R	R	W	A	P	Y	O	L	R	N	F	Y	D
E	H	B	G	M	P	B	R	J	E	T	I	C	Q	I	L	N	C	W
Q	D	F	Y	A	A	Y	U	L	Q	I	T	I	B	G	C	S	F	N
F	Q	S	D	S	J	O	O	K	E	O	T	O	P	K	X	I	M	T
G	T	K	R	V	L	H	J	J	C	A	N	J	L	X	F	O	C	X
L	V	R	Z	I	W	I	G	X	D	O	F	E	S	S	L	D	H	D
D	K	G	X	T	N	Z	P	U	C	R	Z	U	N	R	A	Y	T	G

WHOLE LOTTA LOVE
DU
SPIRIT IN THE SKY
IN THE
SUMMERTIME
PARANOID

SONG OF JOY
YELLOW RIVER
LET IT BE
LOLA
CICILIA
SUGAR SUGAR

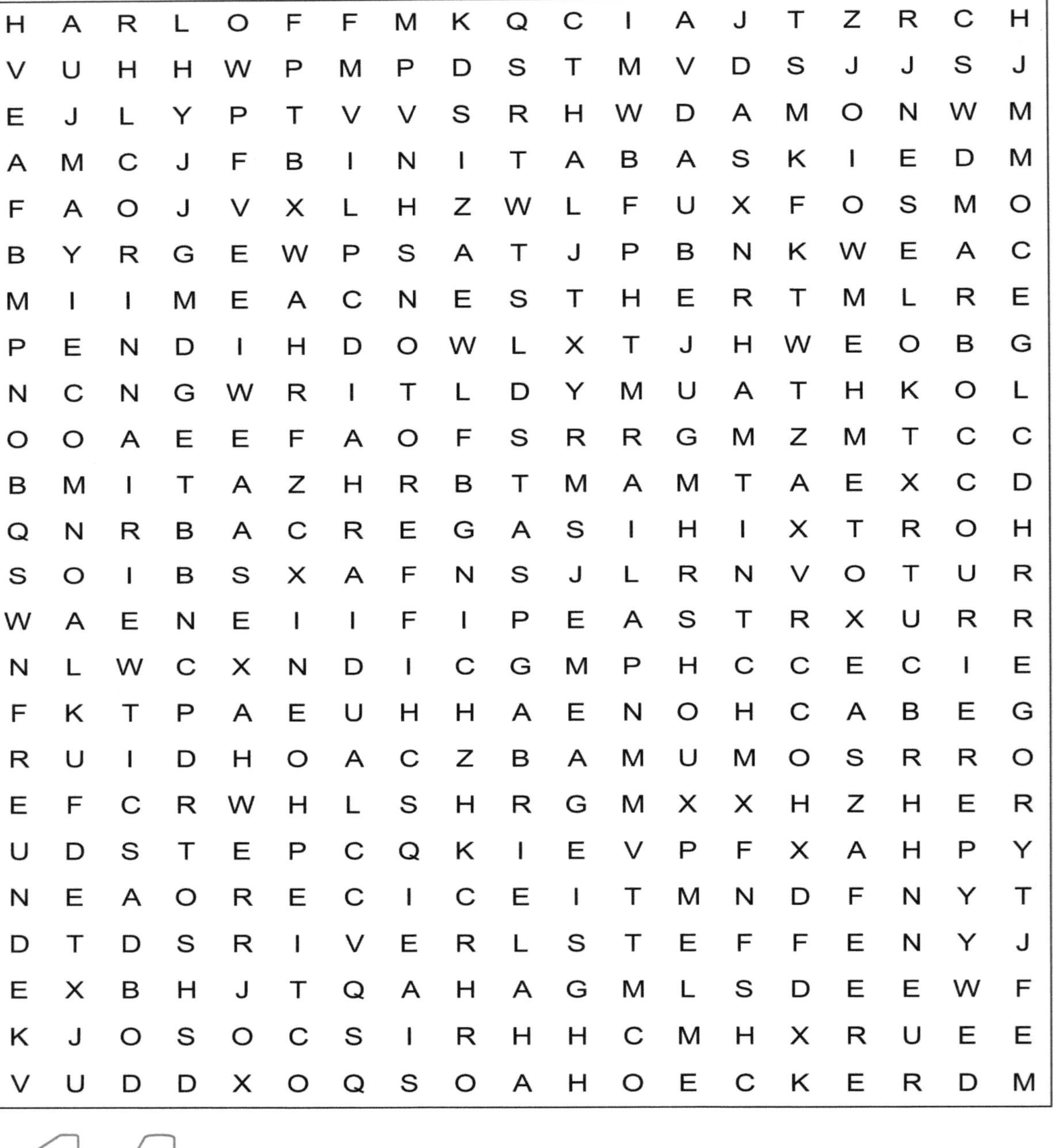

14

1970

geboren

FABIAN HARLOFF
STEFFEN FREUND
BERNHARD HOECKER
MARIA CAREY
ESTHER SCHWEINS
ANDRE AGASSI
UMA THURMAN
GABRIELA SABATINI
ROGER CICERO
ERIK ZABEL
JIM COURIER
RIVER PHOENIX
CLAUDIA SCHIFFER
CORINNA MAY
MATT DAMON
MEHMET SCHOLL

H Q U D M V T A L Q U I K C L F S Z Q
T V R S O A R J Y J A W T W K H M G X
M U B E T G M M A O S K O K S K Y P P
L D I F C E A Y M B Z L N S T I C K Y
B H E Y I K B A V G C V I K M W C T X
D Q K E C N B B M B J J G K M N Q G F
Z E A V W L G S V K L P H N C H T E Q
M O P K J V O E Y D G U T X T G Z J Q
V S F T R E S R R W J T E L O T P G E
L Q L Q B O I J D S C O L Q Y Z G X W
P X U E R H C R F U T K V P S U T W N
Y O J C Q C M L F I O V C V X C I A O
N Y P Z W M O Z U N A W Y R K J P Q F
Z P J J O L L Q O G H O G N O S A C H
R U Q P W Y I W F Y X Z V M N X O L I
Y Q A Z T R F B L W N P T H I C B M H
M N Z C R F Y C X L I Y M R O H Q O A
M Z Y O G A R D E N A H M D A C I S A
S R B N R M P U L C W B H D K H T K R
L I N C P I S C C V I T E A O R E Q L
Q Q B U T T E R F L Y F K R E Q N R N
A J X X C K B N W G G C O E I T F O C
S L O G Y M P L Y T P Y T R Z F Q A I
H S U Q C R F F Y E X C U R F W E V A

1971

Hits

ASONG OF JOY
MY STREET LORD
ROSE GARDEN
BUTTERFLY
FIREBALL

COCO
BORRIQUITO
MAMY BLUE
HEY TONIGHT
STICKY FINGERS

E D M F A X D N Q C A N T Z E L S N O

W S X I A K F O E T Z I F Y K I C O K

R S O U Q Z Z G P M D W M F I E Z E H

M M U S K D N O P A E K C S E K R B C

N R Z M M T J P R R N V G A H B H D S

M R E T E P Y A N M I W R J Z P J J T

H H C C K F L Z A C S I E R Y B S V I

Q I Z B G N C S W M E N G I G A G D L

L R R E S I C E E R J O O M R G F W K

E I Y X S T M O I Y P M R P N N A L K

W N T I R R E B F D W A M V A H V D X

B X N N E A A L I E I A R I L P X A J

I I R A G M S N O R S D D B K O U U E

O D Z I C P I R P N W O E J W R X E Y

D P Q N D B Y Z Y S O R D N T Y A R M

I O A A N E U C I D G M L J J U T M O

U O L V F C J A L R P J A A D M I A R

G N C A Y F U P A A H Y W K Y I M N I

N S C K Z Z D G N H P D K M A G M N T

U E R T B I E L B C P P Y C G T W K Z

V R E I V A X V Q I O L T O I V S A Z

Q I M A E L Z E R R N A D I A R D C F

L H P I L A T I V F T T N J Q I P A H

P H W Y R I C K Z G O Z D Z F J C J V

1971

geboren

DJ OETZI
TIM MAELZER
RICK KAVANIAN
DENISE RICHARDS
NADIA AUERMANN
EWAN MCGREGOR

WINOMA RYDER
MARK WAHLBERG
ELON MUSK
VITALI KLITSCHKO
PETE SAMPRAS
MORITZ BLEIBTREU

HEIKE MAKATSCH
GUIDO CANTZ
MIRJA BOES
XAVIER NAIDOO
SNOOP DOGG
RICKY MARTIN

W	T	P	F	N	O	L	G	U	K	D	M	W	O	X	G	N	R	B
H	U	T	O	T	K	E	H	G	D	N	S	R	N	U	B	H	A	D
E	M	D	L	E	B	S	T	Y	G	A	J	H	M	I	W	R	J	J
V	A	D	B	V	M	K	E	H	C	H	D	I	G	G	J	X	E	L
F	M	B	F	J	Z	W	Y	N	H	T	C	K	O	F	F	R	L	C
D	Y	S	L	F	K	A	E	S	I	H	U	S	Y	A	D	N	U	S
N	S	O	U	U	C	E	G	L	A	E	M	C	C	H	H	G	O	Z
Q	K	L	W	A	X	Q	C	E	T	A	D	G	N	J	B	V	K	B
P	T	O	J	I	G	I	L	O	D	K	E	R	D	T	O	I	I	B
O	T	F	M	H	L	A	S	A	C	R	A	M	E	N	T	O	G	G
P	Q	U	T	M	V	J	B	I	Y	R	M	E	Z	I	A	S	I	B
C	Q	Y	J	E	C	Y	S	U	W	H	V	J	K	J	I	X	E	J
O	H	I	U	I	H	H	E	L	L	O	A	L	B	B	F	A	C	A
R	L	L	W	V	M	T	I	J	Z	N	E	V	F	O	U	M	U	Y
N	B	Q	O	Y	B	Q	W	Y	E	X	U	K	L	T	L	S	W	J
Z	D	T	H	B	K	K	P	I	U	J	J	L	I	O	G	O	D	E
L	K	N	P	E	C	J	Y	T	A	W	I	F	R	Y	M	Z	G	U
B	O	L	N	W	N	U	T	C	T	R	U	C	L	I	M	A	K	T
X	V	C	Z	J	C	G	M	F	A	L	D	O	E	R	Y	G	Z	H
Q	E	P	J	V	P	R	K	M	R	V	D	S	B	B	E	J	A	S
D	R	E	N	I	E	D	A	U	R	K	W	Z	Y	U	W	B	Q	C
S	Y	Q	F	P	G	H	O	G	Q	H	F	M	R	Z	Q	H	Y	K
U	H	G	F	F	F	Y	Y	Z	Y	H	Z	H	V	I	V	Y	X	D
N	G	T	P	Z	G	Z	U	U	K	T	N	D	O	I	M	O	B	V

1972

Hits

MAMY BLUE
AMARILLO
DU LEBST IN DEINER WELT
SACRAMENTO
KOMM GIB MIR DEINE HAND
HOW DO YOU DO
BEAUTIFUL SUNDAY
MICHAELA
POPCORN
HELLOA

G	Y	B	A	R	T	H	O	B	F	L	P	W	M	E	O	P	P	Y
C	E	C	Y	W	S	I	A	C	C	D	B	V	G	B	T	X	O	Q
J	B	N	F	U	Y	S	Y	K	P	A	N	Z	E	R	I	L	S	A
N	Z	X	K	N	T	B	N	O	R	E	M	A	C	N	B	E	G	G
C	Z	H	N	I	D	E	E	E	M	J	D	P	T	Q	P	V	H	X
J	C	E	A	Q	O	N	D	N	A	V	G	A	P	C	E	A	K	G
L	J	N	U	A	P	F	N	I	R	Y	S	S	V	W	L	N	A	Y
D	E	Z	I	E	G	E	Z	G	I	T	P	T	M	L	F	Y	L	B
N	K	A	L	U	A	P	R	Z	O	Q	Z	E	I	R	A	C	W	F
A	C	W	H	D	W	A	Y	N	E	O	G	W	I	H	M	S	Y	S
L	D	C	J	C	T	O	J	U	D	E	E	K	Q	E	O	L	D	W
A	F	B	W	Z	I	R	G	N	T	L	R	A	W	Z	D	R	Z	E
B	J	U	S	K	E	M	A	N	L	Z	P	L	E	U	S	A	J	H
M	M	Q	E	Q	O	I	F	G	A	S	K	W	Y	R	M	O	E	Q
I	T	B	V	R	T	N	L	K	W	J	W	H	H	L	H	L	N	G
T	C	L	M	S	M	O	N	O	C	B	D	T	Y	N	V	M	N	A
Q	Y	K	I	I	T	A	R	E	S	V	E	X	S	E	G	E	A	R
T	U	R	C	H	C	T	N	R	B	N	Q	O	R	F	G	N	H	I
S	H	E	I	E	L	H	E	N	Y	K	N	S	G	K	S	I	O	K
C	F	J	S	A	L	Z	E	W	K	K	C	A	N	N	D	M	J	O
H	R	X	P	V	X	F	G	L	O	C	C	I	H	I	A	E	W	J
K	L	A	W	Z	R	B	F	F	L	Y	L	Q	A	J	O	H	H	F
S	M	B	E	D	Q	V	X	A	N	E	K	Z	P	U	X	C	C	A
L	O	E	C	B	K	D	W	C	O	V	T	V	S	R	A	M	Y	A

1972
geboren

PAUL PANZER
BENNO FUERMANN
CHRISTIAN ZIEGE
MICHELLE
MICHAEL CHANG
TIMBALAND

BASTIAN PASTEWKA
DJANGO ASUEL
DWAYNE JOHNSON
JENNY ELVERS
JOHANN KOENIG
GARI HALLIWELL

BEN AFFLECK
CAMERON DIAZ
GWYNETH PALTROW
EMINEM
MARIO BARTH
JUDE LAW

F	K	P	K	Z	P	D	G	J	N	M	A	B	K	N	L	N	P	S
T	G	B	L	I	T	Z	M	E	Q	J	V	K	J	D	A	O	B	A
G	L	A	L	Z	V	E	Z	I	Y	H	S	B	Y	C	B	A	S	Q
P	M	K	Q	B	L	O	C	K	T	L	X	S	Z	B	L	K	M	N
A	H	F	T	R	Z	E	A	N	B	V	X	I	M	L	I	A	H	Z
K	K	G	L	H	U	G	H	W	R	P	A	X	R	U	K	C	G	I
P	R	I	N	Z	C	V	U	C	D	X	O	O	T	I	S	Y	L	C
Q	I	N	J	F	B	O	U	S	F	L	O	P	N	S	E	E	L	R
C	G	T	A	A	Y	V	C	X	Z	M	P	O	J	Z	X	Z	O	N
H	H	I	Z	R	B	A	P	S	Z	Z	M	L	W	T	N	T	Y	U
E	R	D	G	B	J	G	Y	G	F	R	N	W	U	K	Z	A	W	Q
U	D	E	R	H	U	S	V	R	A	Q	Y	C	L	L	I	K	V	M
Z	A	S	N	H	D	R	Z	H	A	P	M	Q	W	E	E	E	M	V
N	U	E	N	X	W	U	D	I	U	D	H	S	F	I	A	Z	S	I
D	H	J	N	Z	W	N	O	O	F	D	G	E	H	N	T	E	R	Y
Q	M	E	K	A	U	C	T	E	E	L	F	L	P	E	Z	I	E	L
A	T	S	N	M	T	X	X	N	S	G	O	M	O	U	L	M	D	L
R	W	T	A	U	E	A	Q	C	K	B	N	T	E	O	D	L	P	E
M	C	T	D	B	G	E	G	D	L	G	K	U	V	M	O	U	O	H
A	F	B	C	I	U	Y	Y	K	C	F	W	E	J	V	W	U	X	O
J	T	H	E	A	K	S	M	G	X	J	N	A	C	E	N	U	A	U
X	J	N	C	S	W	I	T	A	K	C	H	L	K	L	E	I	N	E
P	Z	H	D	I	D	A	Y	E	M	C	J	Y	R	Y	R	H	L	J
S	T	R	A	I	S	E	R	H	R	A	R	Y	M	V	P	Q	Q	V

1973
Hits

KLEINE MIEZEKATZE
BLOCK BUSTER
MAMA LOO
JUNGE MIT DER MUNDHARMONIKA
GET DOWN

HELL RAISER
CAN THE CAN
DER KLEINE PRINZ
ID LOVE YOU TO WANT ME
THE BALLROOM BLITZ

S	O	N	Y	A	W	I	L	L	I	A	M	S	C	A	R	O	M	Q
U	L	R	I	C	H	Y	N	R	Z	W	M	Q	C	C	I	R	U	V
D	K	S	N	M	E	T	T	E	P	X	V	I	M	T	T	Y	G	L
M	R	U	R	O	L	O	Y	A	W	W	N	A	E	E	T	E	J	R
I	K	A	Y	A	K	S	G	A	A	O	R	Z	A	L	N	V	G	Z
H	R	R	E	G	O	E	R	L	M	I	Y	C	E	H	E	A	C	X
F	E	K	K	P	V	T	K	Q	T	R	R	M	R	L	R	R	M	S
H	T	F	E	D	I	E	T	R	I	C	H	W	U	D	A	G	H	S
O	Z	L	P	N	R	L	W	V	L	V	J	A	D	I	A	V	J	N
L	S	U	A	E	L	U	V	T	X	H	P	G	D	V	E	B	A	S
N	C	M	K	R	C	W	A	L	G	A	J	R	Q	A	R	F	I	X
M	H	J	B	H	R	E	L	L	M	F	D	O	J	D	V	K	N	F
U	M	V	P	N	S	Y	J	I	A	O	S	P	A	T	Y	J	P	F
L	A	I	Q	R	K	E	F	L	O	R	K	E	Y	B	U	E	R	B
K	R	D	W	A	D	Z	L	U	R	J	S	P	D	L	P	H	I	A
W	D	I	Z	F	B	F	I	E	X	S	O	I	I	M	J	K	N	R
R	G	E	E	K	U	K	M	N	S	P	Q	O	A	V	H	E	O	B
A	P	H	A	R	E	L	L	S	A	I	S	E	L	G	I	L	S	A
N	F	D	T	S	R	E	Z	H	R	B	S	Q	O	P	Y	O	I	R
A	U	R	L	W	G	D	X	H	I	H	P	I	L	I	H	P	L	A
Y	R	E	D	R	E	D	U	F	M	S	S	T	E	F	A	N	M	W
L	I	P	B	Z	R	G	O	C	N	V	O	J	X	C	P	P	M	I
N	M	R	P	J	R	E	L	S	E	O	R	T	I	O	T	J	A	N
K	G	D	V	V	P	B	N	L	E	G	S	A	X	L	O	G	Y	F

1973
geboren

BUERGER LARS DIETRICH
LARRY PAGE
HEIDI KLUM
JULIO IGLESIAS JR
PHARELL WILLIAMS
SONYA KRAUS
PHILIP ROESLER
BARBARA RITTNER
METTE MARIT
DAVID PRINOSIL
REA GRAVEY
PAUL WALKER
STEFAN KRETZSCHMAR
KAYA YANAR
JAN ULRICH
NIELS RUF
MONICA SELES

K	B	R	G	M	O	O	L	R	E	T	A	W	T	H	E	O	E	X
C	Q	A	W	I	E	D	O	C	E	Z	N	U	S	B	W	G	P	F
Z	W	X	R	M	M	C	E	H	T	F	H	J	K	F	B	J	A	Q
K	U	N	G	F	U	U	S	Z	I	S	F	X	B	Z	U	F	K	I
J	A	K	T	M	C	R	S	N	T	R	Z	E	T	N	R	O	D	O
B	Q	Z	R	R	F	M	J	K	A	S	O	H	G	O	T	X	X	K
E	O	G	C	U	R	L	C	U	E	K	G	K	S	A	I	Z	N	R
M	R	R	V	O	E	O	O	N	E	I	H	E	X	Q	W	N	A	U
K	T	A	S	Y	R	I	X	V	L	Z	L	S	G	P	I	M	Z	L
L	V	G	I	A	D	Z	C	F	E	C	P	Z	C	J	P	M	J	S
S	H	U	H	H	A	S	A	J	U	C	U	E	Q	A	R	X	R	A
X	V	S	T	J	N	U	E	C	L	C	B	G	G	E	C	D	X	W
C	L	O	A	V	D	F	Q	A	E	P	N	E	N	C	E	C	Z	U
S	F	D	E	K	K	H	V	G	S	I	C	Y	V	J	E	D	A	Q
Z	P	H	T	F	N	Z	A	C	T	O	I	R	D	I	N	F	T	T
E	T	A	M	W	L	N	Y	H	M	M	N	J	N	Q	A	I	T	D
L	K	V	L	T	E	F	G	T	H	N	U	S	U	C	M	C	A	M
A	K	Y	U	E	P	I	T	L	K	B	L	H	L	Q	O	J	M	E
P	U	L	T	H	F	K	L	I	X	J	A	N	F	Z	J	G	E	Q
A	M	Q	C	J	X	V	X	Q	T	M	Z	B	D	D	N	R	V	W
L	F	F	S	K	X	Z	Z	M	S	Y	O	O	Y	K	A	Y	A	C
O	X	B	N	T	O	N	I	G	H	T	L	B	B	N	B	K	N	A
M	W	Y	B	A	B	Z	I	S	A	U	X	C	A	O	U	C	W	Z
A	R	R	K	A	Z	L	V	Y	X	U	B	A	G	C	W	T	A	U

1974

Hits

TEENAGE RAMPAGE
THIS FLIGHT
TONIGHT
SEASONS IN THE SUN
WATERLOO
SUGAR BABY LOVE

THEO LODZ
ROCK YOUR BABY
KUNGFU FIGHTING
DAN THE
BANJOMAN
LAPALOMA ADE

S	C	H	M	I	T	Z	E	G	P	T	J	C	A	P	R	I	O	W
T	F	B	V	N	Y	I	L	F	V	U	A	X	J	C	S	O	W	A
R	L	F	S	I	H	P	T	C	M	A	Y	T	G	L	U	F	R	F
U	W	I	H	I	L	L	A	E	K	R	O	E	M	E	R	W	E	I
K	K	J	Q	I	X	G	B	R	M	N	J	J	K	L	W	F	G	J
H	A	P	J	M	N	T	A	M	A	U	U	D	S	D	A	E	R	U
U	N	P	Y	Y	P	Z	I	O	P	B	Z	I	Z	B	C	T	E	X
E	U	H	A	A	Q	H	L	K	O	I	R	F	B	V	D	N	B	E
S	N	O	E	G	T	J	I	M	G	M	W	A	D	M	U	E	E	Y
Y	W	E	E	G	U	O	U	M	G	S	P	U	B	K	E	T	N	L
C	B	N	T	E	O	I	G	Y	X	J	E	F	N	O	F	O	E	V
F	R	I	A	K	Y	M	G	U	A	A	H	P	S	T	R	P	O	D
P	Q	X	K	I	A	I	O	D	R	A	N	O	E	L	G	H	H	O
K	S	Y	Y	M	D	N	Y	L	E	F	W	Z	H	N	S	X	C	T
R	K	C	M	O	V	O	I	F	F	V	O	M	B	V	J	G	S	W
C	H	R	R	T	Z	L	N	T	R	K	Q	U	A	P	J	C	M	U
X	F	P	A	W	F	I	B	U	R	O	W	N	N	E	F	E	N	S
V	H	R	X	M	U	K	L	J	L	A	I	V	C	U	L	O	N	S
L	U	E	A	Q	U	T	Z	E	S	R	M	R	I	L	P	N	A	O
G	C	A	A	N	E	N	G	P	B	N	B	I	O	M	H	J	M	M
R	Q	O	N	S	K	E	W	A	P	G	R	W	J	Z	I	Y	N	D
I	J	F	V	K	I	A	S	P	F	M	K	W	D	H	Z	R	E	I
Z	U	R	C	S	E	O	A	K	E	P	O	L	E	N	E	P	H	V
M	Y	Q	T	I	M	Q	N	B	H	U	B	E	R	N	P	M	L	Q

1974
geboren

SABRINA SETLUR
KATE MOSS
KIM SCHMITZ
BARBARA SCHOENEBERGER
PENELOPE CRUZ
MARK MELLOW
MARTINA HILL
FRANKA POTENTE
TIM HENMAN
JOAQUIN PHOENIX
PRODIGY
GUILIA SIEGEL
LEONARDO DI CAPRIO
KURT KROEMER
ANKE HUBER

J	C	H	S	N	T	C	Z	H	Q	G	L	L	T	M	E	M	I	S
V	O	V	Z	U	J	E	F	S	S	A	V	Z	F	Y	Q	H	R	E
G	A	T	U	Z	R	B	Q	S	D	G	I	B	W	G	U	P	A	E
K	W	O	O	I	E	C	S	Y	S	N	O	A	X	Q	A	T	T	N
Q	Q	Y	M	W	H	N	O	N	S	N	N	A	C	L	B	N	P	B
M	W	I	T	T	C	M	W	O	X	C	T	E	O	N	H	T	M	A
F	U	O	D	M	S	H	I	S	Q	T	U	M	N	X	A	G	U	J
A	V	J	H	E	I	S	P	H	B	R	A	U	W	E	T	L	B	N
T	Q	D	M	L	H	S	E	K	K	K	V	B	W	E	A	F	B	D
U	Y	W	O	O	C	N	T	N	T	K	W	B	G	H	U	R	X	Q
R	I	I	C	D	E	G	U	G	N	Z	E	N	N	T	N	A	T	P
E	W	X	Y	I	I	U	I	Z	D	A	U	Z	O	O	K	N	U	D
H	V	U	K	E	R	M	J	J	E	X	L	R	A	X	N	T	P	F
T	X	A	L	S	G	M	S	N	N	J	O	O	T	A	O	T	Y	O
L	R	R	G	L	H	S	E	I	E	O	J	A	D	Z	T	O	N	O
A	T	V	I	Y	G	R	E	I	B	G	W	O	A	N	H	G	G	S
W	L	V	C	U	I	W	M	W	N	A	E	Q	J	A	I	M	N	G
K	L	J	T	Z	U	F	P	E	Z	W	C	U	X	C	N	M	U	J
S	C	V	H	S	M	W	S	P	Q	D	P	B	L	I	G	H	R	Y
X	J	E	C	O	A	P	L	T	S	R	Q	V	M	D	E	Y	U	I
X	J	Y	I	S	H	R	D	K	D	N	U	T	K	L	O	W	N	Q
M	T	T	N	I	A	Q	M	E	Z	U	N	T	P	U	U	P	Z	N
Y	Y	E	T	E	Y	Z	Y	S	F	I	R	E	M	K	L	W	A	T
F	O	X	E	J	T	I	I	C	M	A	J	G	V	O	O	T	O	Q

1975

Hits

TRAENEN LUEGEN NICHT
GRIECHISCHER WEIN
ICAN HELP
FOX ON THE RUN
MEIN GOTT WALTHER
PALOMA BLANCA

SOS
LADY BUMP
IM ON FIRE
DOLANNES MELODIE
YOU AINT SEEN
NOTHING YET

H	P	K	R	Y	H	N	J	Z	J	Z	E	M	A	H	K	C	E	B
Y	V	L	S	P	R	T	O	J	D	K	D	L	R	O	O	X	L	H
P	Z	K	U	A	O	Y	N	I	X	D	M	W	F	O	N	W	O	B
I	F	S	Y	G	I	Y	C	O	D	A	R	D	I	T	S	L	U	E
P	Y	V	R	S	N	S	K	J	R	A	K	P	F	O	I	S	B	G
T	I	R	F	L	I	A	E	Y	A	O	X	P	T	I	A	R	U	A
T	P	E	R	E	I	V	I	L	O	Z	A	Z	Y	R	A	V	D	S
Q	H	H	R	J	R	I	H	T	G	C	Z	X	E	D	D	A	S	H
Z	A	R	N	C	X	N	S	K	P	I	Q	D	L	T	G	N	W	H
T	J	X	K	X	E	C	K	C	W	N	N	E	F	O	W	I	D	U
K	H	S	I	Y	U	I	S	N	R	A	Y	T	E	W	G	L	Z	N
E	H	C	E	Y	Q	E	L	U	X	K	K	K	W	A	M	E	F	R
U	Y	F	R	X	I	I	O	E	V	W	U	K	D	D	L	G	E	B
W	C	D	V	Z	R	M	L	Z	E	Y	G	Z	G	I	R	N	K	N
V	B	C	Q	V	N	A	D	M	G	H	H	L	H	Q	V	A	T	Y
V	T	M	O	O	E	J	N	Y	G	Q	M	E	K	O	T	A	R	Y
Y	F	S	D	H	V	D	E	A	V	J	G	P	R	L	N	N	D	B
C	E	Q	O	X	E	L	Z	H	F	L	V	Z	E	G	R	N	P	O
Y	K	K	Q	D	B	I	A	X	L	E	B	L	P	X	Y	S	S	K
O	L	T	S	U	A	E	L	A	V	H	T	Y	O	U	C	T	B	E
B	J	V	B	A	Z	R	V	O	P	V	M	S	O	S	N	S	N	L
Y	P	T	S	A	W	Z	K	D	J	B	K	J	C	E	S	P	P	M
O	K	Y	S	H	N	T	Z	N	I	U	N	I	C	G	P	F	I	I
C	Y	G	X	Q	B	F	M	I	C	H	A	E	L	B	B	A	T	L

1975 geboren

BRADLEY COOPER
MARY PIERCE
ALEXANDER WASKE
LOU BEGA
DAVID BECKHAM
ENRIQUE IGLESIAS
JAMIE OLIVIER
RADOST BOKEL
ANGELINA JOLIE
FIFTY CENT
MICHAEL BUBLE
STEFAN MROSS

Y	J	Q	J	B	Z	Q	W	I	W	D	U	B	C	G	Z	T	E	P
H	S	Y	W	M	W	I	S	C	L	H	Q	E	E	R	Q	T	Z	S
H	Z	Z	Y	I	O	O	Y	E	A	G	F	J	U	B	N	V	A	D
J	X	B	K	B	G	R	F	R	I	Q	J	R	Q	U	S	I	M	C
B	Z	Q	C	F	F	N	A	J	L	D	F	O	J	R	J	C	U	Z
T	F	R	O	X	R	N	B	T	T	W	M	K	G	N	U	O	W	K
D	Y	A	R	O	T	R	B	K	L	B	T	F	A	R	V	O	Q	F
X	S	F	K	U	Z	C	B	W	E	K	H	I	F	T	R	M	Y	E
J	R	D	A	A	F	V	D	Z	I	S	Z	F	N	N	D	A	O	R
M	I	S	S	I	S	S	I	P	P	I	N	N	S	O	A	M	V	N
H	M	Z	J	S	C	O	V	S	C	A	X	A	W	S	T	M	F	A
V	K	Q	X	M	Q	O	N	D	C	M	M	P	E	V	Z	M	E	N
B	T	B	W	L	V	C	I	S	B	E	T	T	R	J	P	I	T	D
I	M	D	O	A	F	Y	V	Q	Y	N	I	U	H	B	P	A	O	O
P	T	Q	L	V	O	A	X	B	E	F	D	D	A	N	C	I	N	G
Q	G	R	F	P	D	R	D	G	K	N	N	C	H	S	Z	G	L	R
U	T	M	K	X	S	G	E	Y	O	X	K	R	Q	F	J	Z	Z	A
E	G	D	A	D	D	Y	M	E	J	S	J	Q	S	N	T	Y	I	T
E	C	D	A	O	B	G	S	V	Q	D	W	D	C	Q	D	Z	X	S
N	E	B	E	O	N	L	S	O	T	K	T	E	L	A	I	M	Y	E
L	E	F	Z	Z	F	T	D	L	C	L	C	V	K	N	G	M	X	I
J	O	Y	O	L	N	A	S	B	M	G	W	Q	L	A	C	S	A	V
U	A	O	P	T	I	V	U	A	D	Q	S	X	Q	P	Z	C	G	O
H	B	T	C	X	E	I	I	I	M	N	Z	O	S	N	Q	F	C	M

1976

Hits

MOVIESTAR
MAMMMIA
MISSISSIPPI
ROCKY
LET YOUR LOVE FLOW

EIN BETT IM KORNFELD
DADDY COOL
DANCING QUEEN
JEANS ON
FERNANDO

P	F	H	B	U	O	W	F	W	U	R	M	B	I	O	F	E	E	E
R	Y	F	J	M	L	V	E	U	U	K	N	L	D	X	R	H	W	O
T	Q	W	M	Q	P	T	Y	B	L	I	R	X	F	G	X	Q	F	S
N	A	I	T	S	A	B	E	S	L	I	B	V	P	M	X	K	G	P
U	I	S	X	A	Z	T	D	O	M	Q	V	K	I	I	M	G	D	E
G	Q	K	L	I	T	S	C	H	K	O	E	B	L	C	E	P	A	D
N	O	Y	S	I	M	O	N	F	X	P	V	L	Y	H	K	D	V	W
X	Z	S	V	C	K	M	G	N	A	L	Y	E	C	A	T	V	E	I
P	I	M	E	K	Y	N	A	W	C	I	X	K	V	E	K	F	N	N
S	R	C	J	J	K	O	A	S	R	H	I	Y	Q	L	C	C	P	D
H	K	A	G	W	O	M	O	R	E	Y	T	S	P	D	A	N	O	H
A	U	P	U	T	X	H	R	A	F	T	D	P	G	E	L	S	R	O
A	E	R	S	U	Y	A	A	L	I	J	N	I	Q	K	L	F	T	R
U	R	I	T	C	A	X	B	N	N	C	T	E	Q	Y	A	I	T	S
F	T	A	A	X	S	D	K	V	N	N	R	Y	L	R	B	G	A	T
F	E	T	V	F	D	Y	M	H	E	A	Z	B	R	E	I	Z	N	P
A	N	I	O	T	N	K	R	W	J	K	N	E	E	I	U	N	S	E
P	T	G	J	I	I	R	A	I	R	W	L	E	N	R	M	B	Y	L
F	G	V	T	I	L	U	Y	C	M	N	B	D	A	F	H	R	A	N
U	R	X	F	L	Y	G	S	V	E	I	T	Q	I	T	G	J	Q	W
P	T	Z	T	F	I	E	J	L	L	C	D	B	D	T	E	M	R	T
Y	B	X	A	O	A	R	I	H	T	N	C	A	T	A	B	B	E	E
Q	D	H	S	G	N	O	R	Y	X	Q	B	N	L	F	O	J	P	L
W	A	I	J	P	H	G	Y	H	K	L	F	I	G	W	Z	D	H	Q

1976
geboren

BUELENT CEYLAN
SIMON GOSEJOHANN
WLADIMIR KLITSCHKO
JENNIFER CAPRIATI
COLIN FARREL
LINDSAY DAVENPORT
DIANE KRUGER
GUSTAVO KUERTEN
SEBASTIAN PUFPAFF
MICHAEL BALLACK
LARS WINDHORST

M	Y	M	P	O	Z	K	M	N	J	C	K	O	S	Y	E	N	O	M
Z	A	C	Y	X	E	A	A	L	F	B	E	E	U	B	S	M	X	P
J	J	R	N	A	V	C	T	O	L	P	D	P	X	M	X	E	N	U
B	Z	V	N	T	I	L	E	T	Y	P	O	T	E	A	O	S	J	H
S	A	M	U	Q	R	I	I	E	W	E	O	O	R	Z	O	W	E	I
P	I	K	S	P	G	Z	L	V	U	Z	O	M	H	S	J	V	R	Y
O	W	R	E	O	C	L	J	H	I	Q	S	A	E	X	A	K	E	C
G	X	A	O	R	A	J	W	S	Z	N	R	T	S	S	M	N	J	F
X	N	B	L	X	I	S	O	R	R	Y	G	O	D	U	O	O	A	Q
Y	X	Z	C	A	Y	A	E	V	Z	T	H	M	P	M	N	W	O	W
S	Q	T	I	P	D	H	M	C	Y	A	I	Y	O	U	E	I	E	D
D	X	T	G	E	T	Y	J		L	S	A	R	G	P	Y	N	Y	O
I	F	D	A	S	L	T	H	I	U	L	A	Y	K	R	I	G	I	N
T	E	M	M	O	B	O	C	N	Z	L	E	K	G	X	Z	R	N	T
M	E	X	K	D	F	E	D	B	M	S	N	S	R	F	Q	G	X	Y
C	J	L	Z	U	O	E	G	R	E	O	Z	B	X	S	O	J	U	O
G	R	U	G	R	R	O	N	Y	W	L	H	L	O	P	F	S	E	U
E	T	Z	H	S	J	E	R	I	F	B	F	B	L	E	E	H	K	X
U	B	M	T	P	X	R	N	C	T	F	J	A	U	V	N	M	S	W
R	S	O	O	T	M	G	Q	U	T	S	N	E	S	I	F	V	P	X
O	O	Q	O	B	Y	C	A	A	X	I	Z	Z	V	T	X	K	J	F
D	Y	E	Z	Y	F	U	T	Z	K	S	O	S	O	M	E	O	N	E
D	G	H	K	V	W	S	K	C	R	W	F	O	K	C	A	B	N	H
X	A	P	M	A	I	G	X	G	J	W	R	R	F	H	I	Z	K	T

1977
Hits

MONEY MONEY MONEY
SUNNY
LIVING NEXT DOOR TO ALICE
KNOWING ME KNOWING YOU

LAY BACK IN THE ARMS OF SOMEONE
PORQUE TE VAS
ORZOWEI
MA BAKER
YES SIR I CAN BOOGIE

MAGIC FLY
SORRY IAM
ALADY
BELFAST
DONT LET ME BE MISUNDERSTOOD

W	C	U	J	U	U	R	N	D	B	E	R	T	Y	E	P	M	N	V
Q	Y	R	K	H	I	R	O	R	Z	G	C	G	Q	Q	R	W	V	H
Q	H	L	Y	J	I	K	N	B	L	O	O	M	E	C	L	N	I	V
K	Q	D	R	J	I	N	I	S	A	I	B	S	L	A	J	I	Y	P
W	I	I	A	X	H	Z	I	A	M	Y	R	L	L	R	G	F	I	B
N	A	Y	K	W	A	Y	N	E	X	Q	O	X	E	P	O	Y	P	D
I	K	M	U	T	O	B	I	A	S	F	N	Z	H	E	H	L	R	F
D	K	B	X	E	N	E	Y	L	K	Q	A	W	C	N	M	Y	R	G
R	A	X	H	A	R	A	S	E	E	T	N	U	I	D	T	M	U	O
Z	E	O	L	I	Z	M	H	R	A	W	C	A	M	A	G	U	D	T
I	W	K	L	G	W	P	H	U	T	V	U	B	H	L	T	V	R	Y
R	S	M	I	E	D	Q	Z	G	I	K	U	L	X	E	U	J	E	P
W	X	W	K	Z	G	N	B	E	N	M	F	K	D	G	Z	S	C	O
U	X	V	C	L	N	E	R	E	G	A	I	Y	M	B	Q	G	V	I
J	O	T	V	I	W	U	L	L	T	R	O	N	I	C	O	L	A	S
U	I	F	Y	D	J	U	H	H	N	K	X	M	Q	V	L	E	E	Z
N	O	C	Z	V	P	W	N	W	C	U	M	L	R	E	F	E	I	K
C	D	K	B	Y	Y	S	S	N	T	S	C	S	U	Z	T	P	Y	B
D	X	W	O	R	L	A	N	D	O	D	H	N	U	J	S	Z	B	W
M	K	F	A	N	G	H	F	H	M	R	A	D	O	H	X	V	U	A
X	I	H	M	B	G	O	E	Z	N	M	Z	B	Y	R	R	K	K	V
L	Y	Y	V	G	I	Z	T	A	M	G	E	M	I	V	X	Q	N	K
X	C	H	S	H	H	U	P	E	I	O	O	N	O	R	C	A	M	Y
U	M	Q	U	S	H	A	K	I	R	A	Q	B	W	J	X	J	E	V

1977

geboren

ORLANDO BLOOM
MICHELLE HUNZIKER
SHAKIRA
RONAN KEATING
WAYNE CARPENDALE

NICOLAS KIEFER
SARAH BIASINI
TOBIAS SCHLEGEL
EMMANUEL MACRON
MARKUS AHLF

P	P	D	X	C	A	L	X	E	W	M	G	E	P	T	H	E	T	S
W	O	G	Y	Z	R	Y	H	L	S	D	T	L	F	A	E	D	H	A
B	T	S	T	E	F	T	L	R	N	F	O	S	G	R	L	X	R	S
J	W	R	I	R	D	N	Y	I	L	S	C	F	J	T	M	O	O	E
S	I	N	C	A	D	E	A	G	B	H	I	N	Q	S	U	C	G	B
K	R	M	J	I	C	K	V	C	L	U	Z	R	L	Q	I	O	Y	G
R	D	W	F	I	O	K	I	U	I	T	S	Q	S	A	U	K	Y	B
B	U	J	H	Z	O	K	E	T	D	X	T	U	Q	W	V	E	K	V
Z	F	G	H	J	A	M	N	L	X	H	E	L	C	Y	N	U	B	F
L	R	R	W	S	P	A	D	V	A	N	O	M	Q	A	G	R	G	R
Y	U	I	U	F	W	M	J	T	S	N	I	O	M	Q	A	T	E	L
P	L	J	E	I	O	Q	H	K	E	R	A	X	R	J	A	Y	G	D
F	U	D	N	S	N	F	J	E	E	R	L	L	A	V	C	X	M	H
O	J	H	E	E	V	P	I	D	O	C	X	U	L	Y	M	Z	G	A
N	G	D	H	T	K	I	N	T	Y	R	E	E	O	U	Y	Y	I	G
H	A	L	A	S	U	U	T	W	U	B	E	N	B	Y	M	F	N	P
J	F	N	E	N	L	T	Z	S	Q	X	I	F	T	U	L	I	T	B
N	V	Q	N	S	C	I	I	E	E	T	E	A	Q	G	T	L	Y	P
C	R	K	Q	V	V	I	G	T	U	T	L	N	F	E	R	D	E	G
D	E	B	C	L	L	O	N	P	S	W	A	B	W	N	L	A	I	G
E	V	I	I	N	T	Y	S	G	M	B	T	E	D	K	M	Z	E	W
I	O	B	G	E	I	A	D	N	I	P	U	E	R	B	X	S	K	M
L	L	F	O	S	R	E	V	I	R	C	H	S	S	G	C	D	K	K
M	N	O	L	Y	B	A	B	T	H	E	C	V	C	O	G	T	G	W

1978 Hits

MULL OF KINTYRE

LIED DER SCHLUEMPFE

RIVERS OF BABYLON

YOU ARE THE ONE
THAT IWANT

YMCA

DANCING IN THE CITY

RASPUTIN

MEXICAN GIRL

SUBSTITUTE

YOU ARE THE
GREATEST LOVER

Q	K	O	A	R	L	T	R	C	X	T	E	T	A	S	H	T	Y	W
E	O	Z	T	D	Z	C	G	O	R	M	Z	Y	E	Y	L	D	B	D
D	K	C	N	A	V	Z	S	N	Y	Z	R	M	B	W	Z	E	O	D
J	R	A	L	L	S	Q	U	X	R	X	R	V	S	W	A	S	N	N
P	I	C	Y	M	N	I	F	T	Y	E	K	U	Q	H	X	K	M	D
J	D	K	O	S	Q	O	K	V	H	W	Q	M	E	C	S	B	A	W
J	Y	J	L	I	D	M	W	C	S	H	K	T	B	C	U	M	U	R
A	M	K	E	C	S	N	O	I	W	P	Q	X	P	B	F	F	N	U
R	K	C	Q	K	N	P	G	O	T	M	U	U	D	J	B	H	K	X
M	J	O	K	N	D	Y	U	R	O	Z	U	F	B	Z	B	S	O	A
S	D	L	B	K	U	T	G	C	E	B	K	D	Q	Q	K	J	A	V
Q	Z	D	B	R	U	E	H	L	T	V	P	I	D	Q	T	E	R	Z
B	X	E	R	Z	L	G	Y	X	D	G	I	O	Q	K	L	H	Q	G
E	S	M	H	A	E	H	A	H	L	V	M	L	G	N	L	U	J	K
R	O	R	G	P	D	O	D	I	H	S	U	B	O	I	R	U	U	V
K	A	Y	C	Q	A	E	Z	U	O	K	K	Q	M	X	D	K	K	I
F	R	A	U	E	N	A	R	Z	T	B	J	D	R	T	O	Q	O	J
M	L	G	F	R	A	N	Z	I	S	K	A	L	J	N	H	T	F	T
N	E	P	D	V	Z	E	Z	M	L	E	I	T	J	L	V	G	E	A
V	I	I	C	W	Q	I	J	F	F	W	O	T	A	A	N	M	H	E
I	N	L	D	C	R	L	R	K	A	I	B	M	H	E	B	V	V	R
S	A	O	I	T	R	R	V	T	B	S	V	V	M	J	B	Q	P	S
V	D	L	M	R	V	Q	N	Q	G	S	P	S	I	K	R	A	M	F
C	W	I	K	Q	T	E	O	O	F	N	J	R	G	L	R	J	Y	W

OLIVER POCHER
FRANZISKA VAN ALMSICK
DANIEL BRUEHL
DIRK NOWITZKI
MARK MEDLOCK
OLIP
ADEL TAWIL
BUSHIDO
FRAUENARZT

W	H	D	J	P	X	U	Y	Y	D	S	W	M	S	S	F	R	S	N
W	H	K	W	Z	K	H	P	F	Y	K	B	K	S	I	Z	M	H	C
N	A	H	K	V	M	G	K	G	I	I	E	Y	G	G	L	T	J	V
C	Z	X	I	T	N	B	E	I	L	V	N	L	Z	N	D	P	Z	T
X	A	L	I	V	E	F	N	T	S	Q	H	E	J	I	S	D	S	O
H	J	P	X	X	X	X	E	B	N	U	R	T	J	H	Y	U	G	U
L	Z	R	L	D	I	T	A	R	V	Q	M	X	H	C	R	O	C	M
C	H	A	S	U	S	N	S	B	Y	S	T	P	D	S	A	H	M	D
S	J	T	T	R	T	B	Y	I	X	Q	S	R	O	D	M	L	R	T
V	G	E	W	S	R	E	E	Q	B	O	T	V	A	P	B	B	B	F
Q	F	D	E	J	O	D	G	H	K	U	I	M	B	E	C	P	V	D
O	X	I	B	T	S	A	U	E	F	O	M	O	D	T	H	B	L	Y
T	H	M	H	M	C	Y	C	L	X	R	Y	L	E	H	A	I	P	C
V	L	G	U	Q	Z	T	G	Y	D	Y	O	M	K	S	H	L	P	L
E	E	Q	J	B	N	A	F	U	Z	D	T	K	N	C	G	A	K	L
W	B	L	F	T	A	S	L	F	Q	G	L	A	S	S	O	C	M	Z
A	Y	Q	Y	Z	N	T	L	C	K	J	F	J	O	A	V	R	J	L
Q	A	C	E	R	Y	V	B	H	K	L	G	L	F	M	B	U	C	Y
K	M	P	L	X	M	Q	M	O	I	U	Q	W	O	I	J	F	L	L
O	B	N	J	L	O	R	S	P	N	G	V	Y	V	M	Y	G	Y	Q
V	G	M	J	Y	R	Y	O	T	U	G	O	H	T	R	K	B	A	M
V	Q	I	F	A	E	Y	N	T	B	V	C	J	J	A	C	H	C	I
Z	L	P	F	K	F	O	N	R	O	B	F	I	Y	W	L	A	J	G
F	N	T	D	W	D	W	Z	O	F	R	M	P	O	R	K	C	R	C

1979
Hits

MARYS BOY CHILD
HEART OF GLASS
DSCHINGIS KHAN
BORN TO BE ALIVE
POPMUSIK

SO BIST DU
EL LUTE
WE DONT TALK
ANYMORE
MAYBE

M	W	O	J	N	B	U	R	E	G	D	E	L	P	Y	S	Y	U	P
X	X	K	U	T	T	N	E	R	S	W	R	Q	Z	V	R	A	X	W
K	H	J	W	M	O	F	G	P	K	V	M	D	K	O	D	T	Z	A
N	V	E	C	M	G	X	B	W	E	I	D	E	L	N	X	V	L	A
I	H	C	B	W	T	L	R	C	L	T	G	B	G	N	K	A	S	S
Q	T	I	H	Q	T	C	P	T	K	Q	H	R	N	E	V	L	Z	N
X	W	L	I	G	U	E	C	A	M	S	E	X	F	K	Z	C	U	E
Y	D	A	G	M	U	X	D	M	L	O	C	X	Y	X	Z	U	I	R
F	Z	L	O	F	J	L	F	Y	L	L	S	Y	T	Q	Q	V	D	W
J	Y	A	E	U	N	W	X	O	T	U	W	T	Y	Z	W	T	N	I
I	J	E	W	F	W	S	U	U	R	Y	N	S	B	A	O	M	A	X
K	R	H	T	N	R	S	A	N	M	A	T	C	V	J	R	A	R	V
T	N	N	P	E	O	E	K	I	R	V	R	S	K	E	D	O	B	N
Q	C	Y	D	R	A	M	T	J	B	Q	J	X	Q	Y	N	D	E	T
D	P	Y	H	G	M	K	O	T	H	O	L	G	A	V	P	F	L	R
O	T	C	X	L	A	I	A	O	A	N	T	H	G	V	M	B	L	E
U	G	F	C	H	X	U	C	C	E	C	A	L	T	L	J	W	I	Y
R	W	F	I	A	W	E	Q	H	Z	R	S	I	N	N	E	D	H	A
N	C	Y	L	D	G	B	B	K	A	J	I	T	N	O	K	O	J	M
H	Z	V	L	A	B	H	J	S	Q	E	E	J	F	M	L	I	S	U
P	A	N	I	N	T	V	Z	X	N	G	L	C	Q	J	C	Q	L	E
T	V	U	W	A	M	J	J	Q	C	R	T	R	E	B	O	R	K	N
T	D	I	E	H	C	S	R	E	T	N	I	W	E	K	P	N	Q	D
B	P	H	D	N	G	I	B	Y	R	Q	L	D	F	F	X	I	F	R

1979
geboren

JOKO WINTERSCHEIDT
MICHAEL NEUMAYER
SARAH KUTTNER
ALICE WEIDEL
HEATH LEDGER
ROBERT DAHLGREN
SVEN WAASNER
TOBIAS WILLI
DENNIS HILLEBRAND
YVONNE CATTERFELD

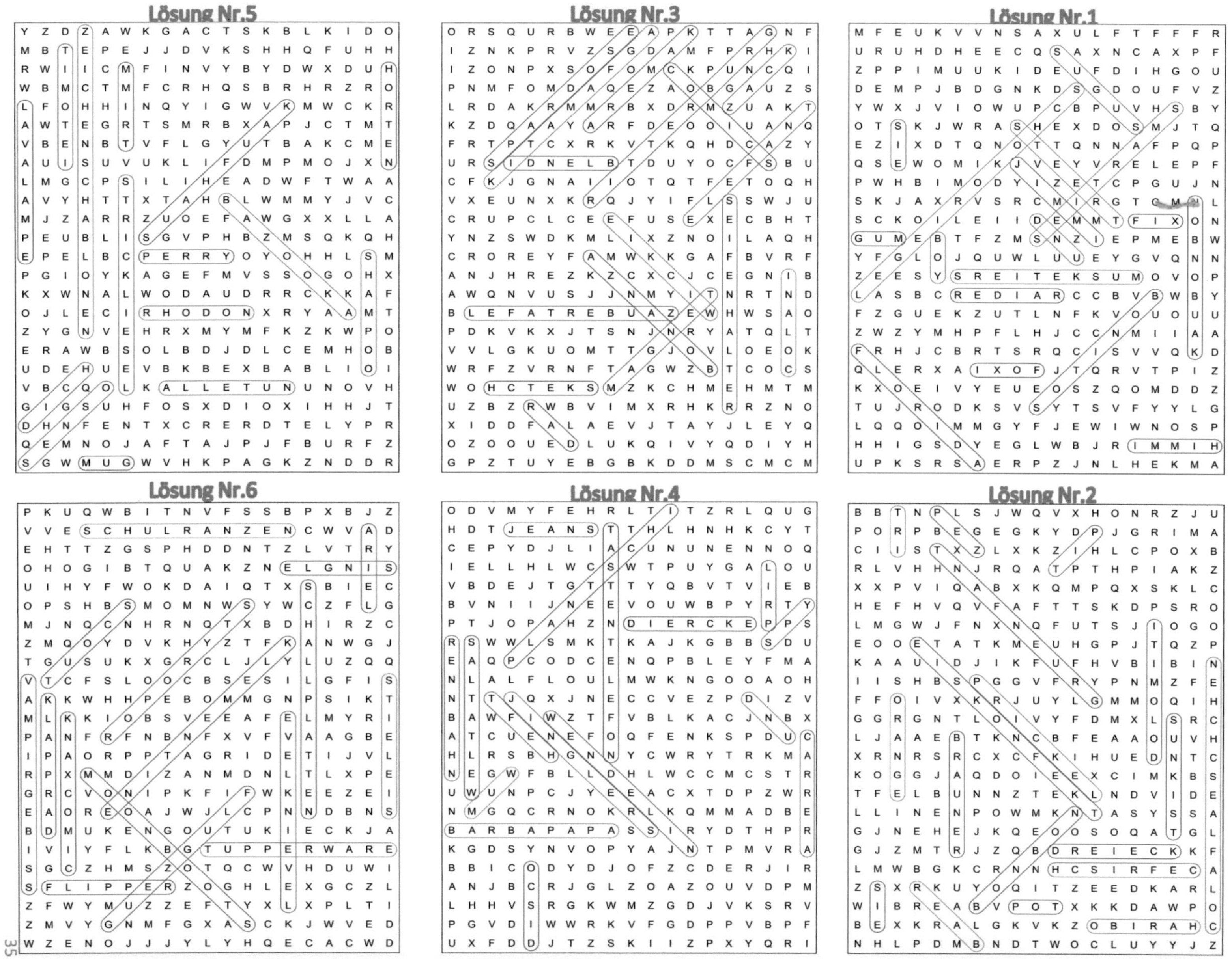
Lösung Nr.5
Lösung Nr.3
Lösung Nr.1
Lösung Nr.6
Lösung Nr.4
Lösung Nr.2

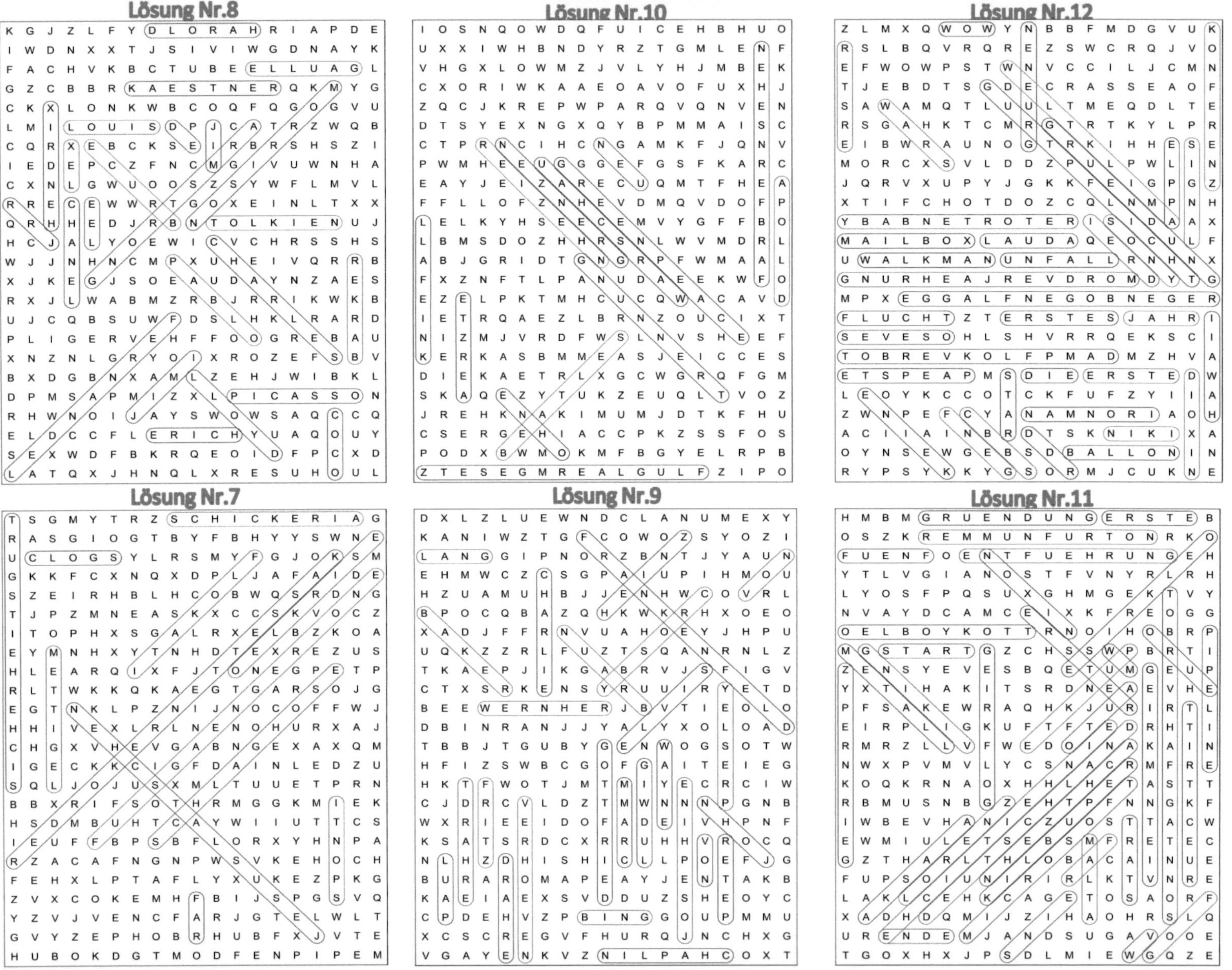
Lösung Nr.8
Lösung Nr.10
Lösung Nr.12
Lösung Nr.7
Lösung Nr.9
Lösung Nr.11

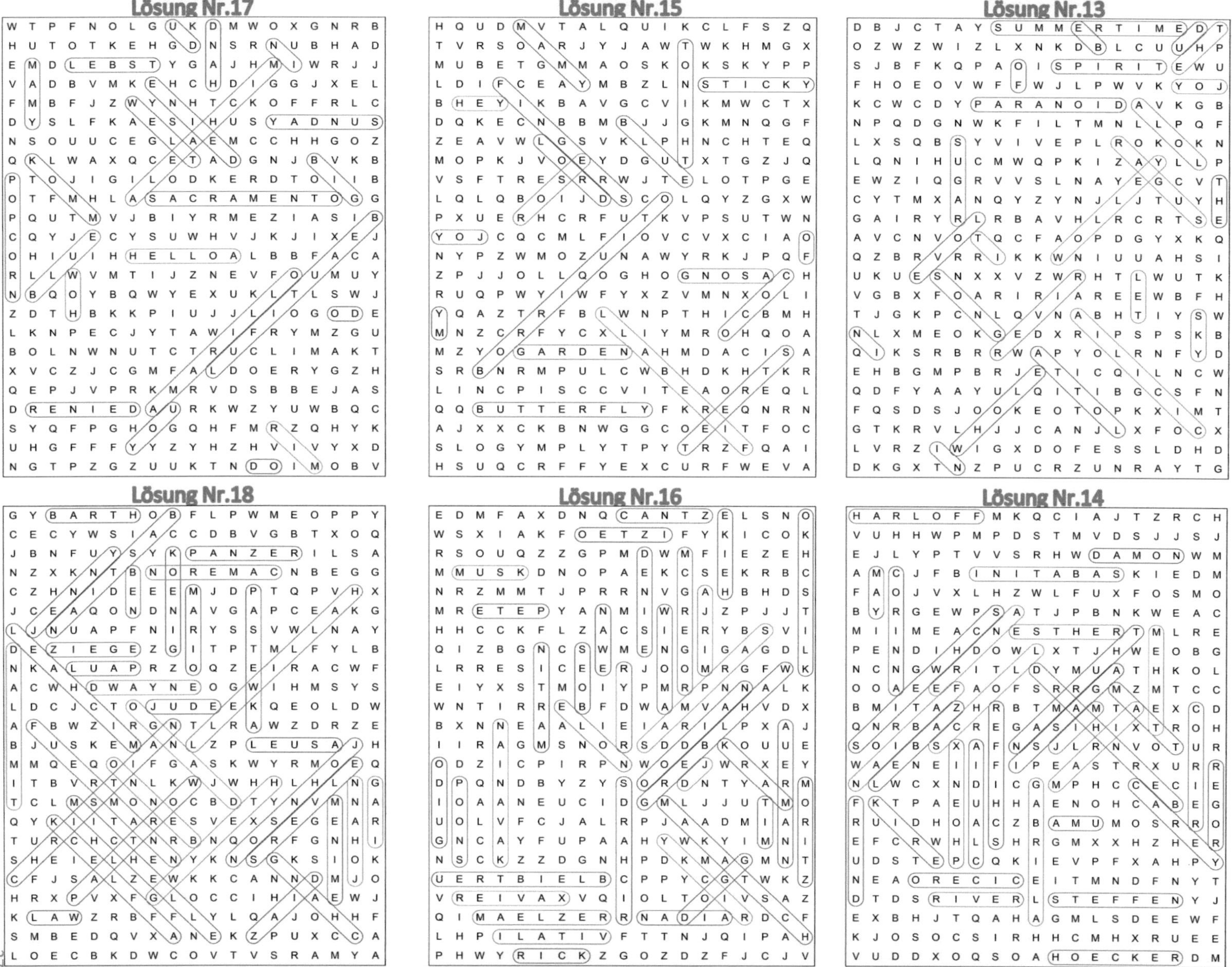
Lösung Nr.17
Lösung Nr.15
Lösung Nr.13
Lösung Nr.18
Lösung Nr.16
Lösung Nr.14

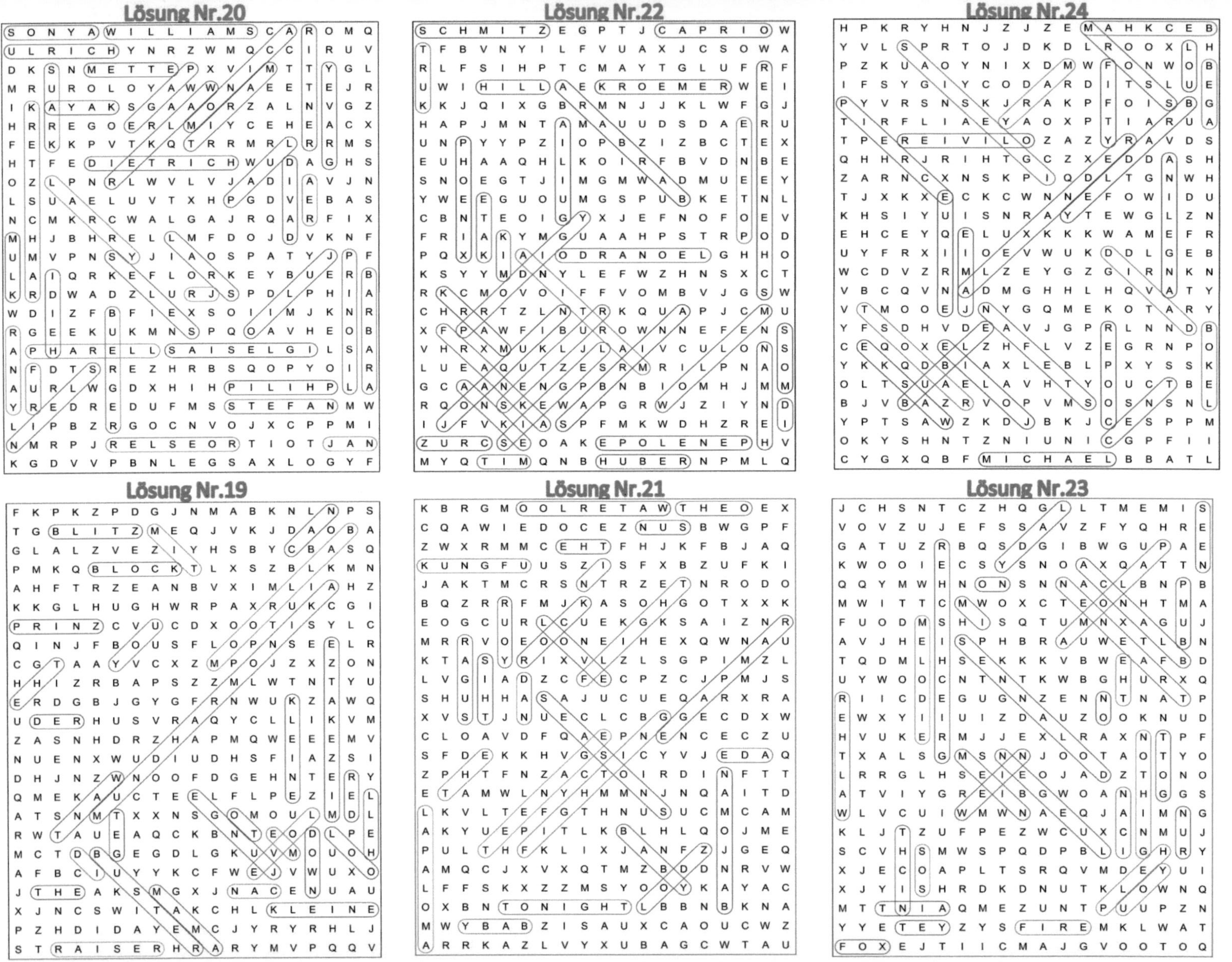
Lösung Nr.20
Lösung Nr.22
Lösung Nr.24
Lösung Nr.19
Lösung Nr.21
Lösung Nr.23

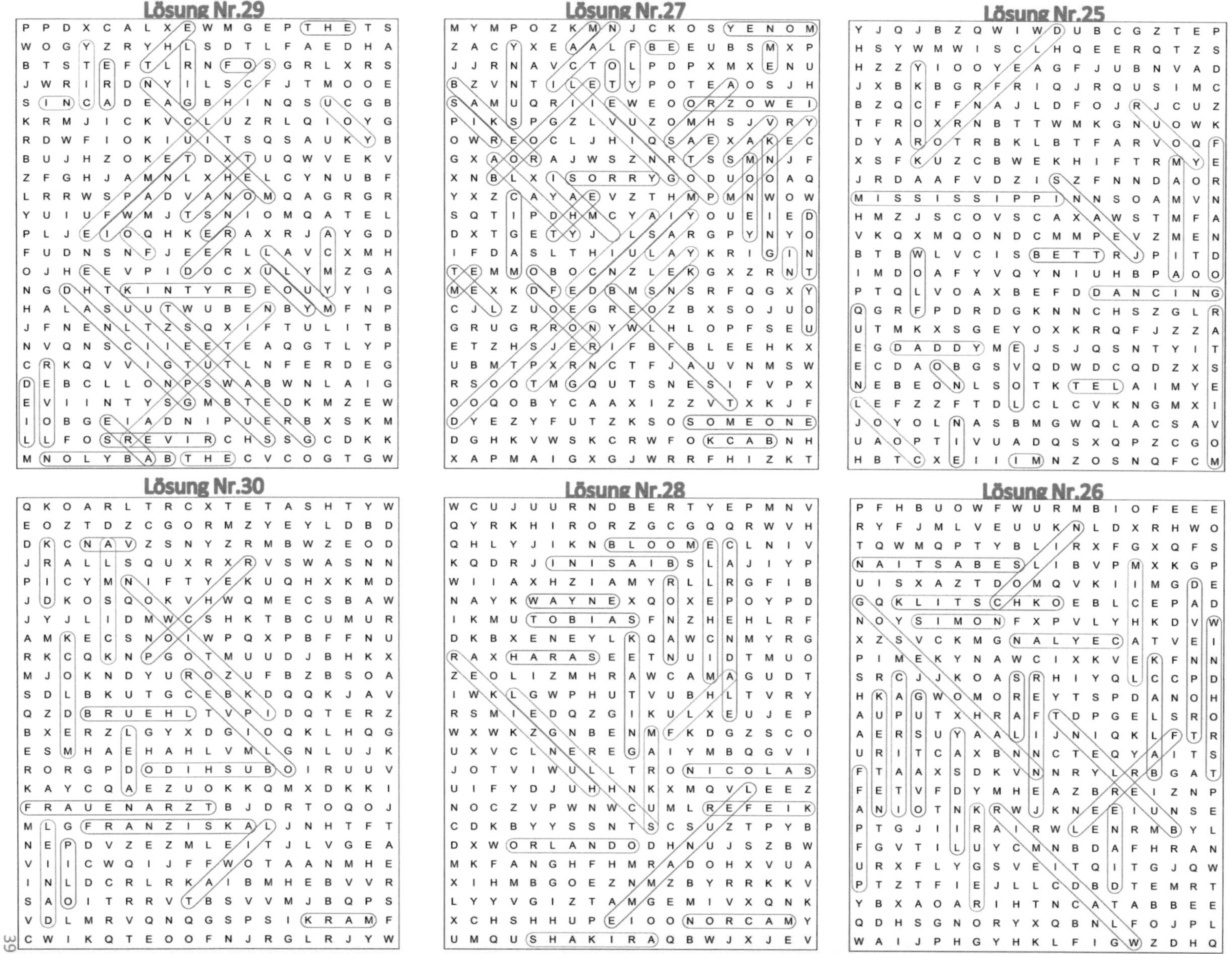
Lösung Nr.29
Lösung Nr.27
Lösung Nr.25
Lösung Nr.30
Lösung Nr.28
Lösung Nr.26

Lösung Nr.31

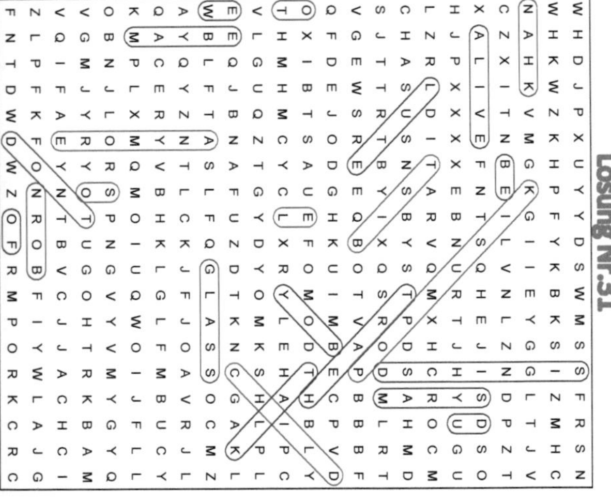

Lösung Nr.32

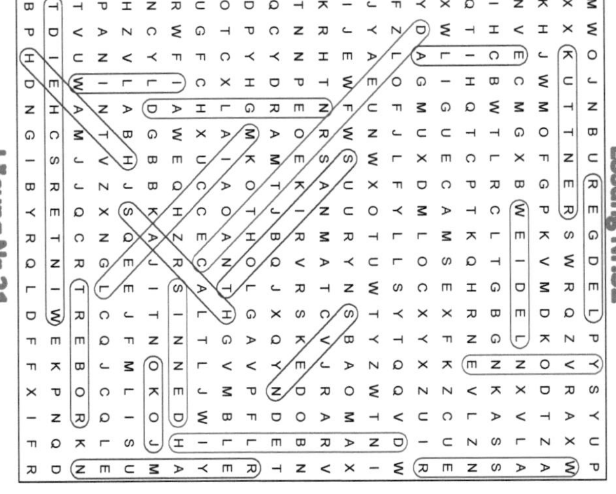

DAS

80iger Jahre

WORTSUCHRÄTSEL BUCH

I	I	K	Y	H	Z	C	T	G	G	M	Z	Z	I	E	N	R	G	F
J	Z	X	N	U	T	Y	D	L	E	X	L	K	Q	K	L	D	D	M
R	A	K	S	U	P	N	S	Q	B	N	K	X	O	O	E	A	Z	R
M	S	C	W	P	Q	E	A	O	T	Z	E	Z	G	M	K	Y	J	A
O	S	I	A	F	L	B	Z	N	K	P	N	D	U	V	C	S	T	H
T	Q	H	S	A	C	A	A	K	Y	N	N	E	L	G	A	A	S	O
Q	V	U	T	Z	R	T	R	V	B	L	P	O	V	O	F	P	D	O
I	C	I	X	E	T	Y	R	A	S	N	D	Y	W	T	G	O	K	B
A	Q	C	I	O	G	T	E	H	O	S	D	I	A	B	G	A	Y	I
E	D	H	K	G	Z	R	M	N	C	R	E	V	Y	G	C	A	M	L
G	N	C	J	O	I	K	A	S	G	Q	A	W	L	O	S	D	L	L
J	Y	U	Z	S	R	R	M	N	T	A	K	J	C	L	S	I	G	X
E	N	U	A	W	X	R	L	B	T	B	C	R	A	X	I	P	E	I
X	J	C	X	Z	U	U	D	S	D	Q	V	J	D	L	N	Q	F	D
M	V	Y	K	T	V	L	I	A	K	N	C	F	R	V	D	U	T	O
P	I	Q	S	P	O	O	E	F	C	V	U	W	G	Q	R	L	D	F
F	C	I	I	F	I	B	Y	B	U	T	H	S	Q	J	E	A	A	D
N	E	R	E	A	B	I	J	B	D	I	X	S	N	T	Y	G	W	L
H	S	I	O	C	I	X	S	I	M	Z	K	N	T	O	O	C	F	P
U	K	Q	A	N	M	P	R	V	X	H	A	I	P	W	U	Z	B	J
K	W	G	F	W	A	C	A	G	M	X	M	Z	G	H	J	A	W	R
Q	G	U	R	J	I	D	L	V	C	R	C	D	C	Y	S	O	X	T
U	O	P	Q	P	M	S	R	E	E	H	C	A	L	A	H	R	Q	I
L	X	A	J	M	L	Y	E	C	A	L	Z	F	Q	S	E	T	Z	R

1

1980iger Serien

DIE BAEREN SIND LOS
BILL COSBY SHOW
CAGNEY UND LACEY
CHEERS
DUCK TALES
FACKELN IM STURM

GOLDEN GIRLS
HAPPY DAYS
KOTTAN ERMITTELT
LOU GRANT
MACGYVER
MIAMI VICE

W	M	D	E	P	J	E	E	P	X	D	Q	R	J	T	V	X	G	N
V	A	H	F	Z	I	D	B	Z	N	E	P	E	F	F	C	Z	Q	U
Y	H	J	Q	D	F	O	F	K	U	U	S	B	Q	X	F	R	P	A
F	R	Y	L	C	X	T	G	B	F	T	V	U	Y	W	A	F	D	S
X	Y	C	T	C	D	P	O	Z	O	O	Z	A	P	B	K	S	O	V
G	F	S	E	K	J	N	B	R	T	P	E	Z	F	N	W	I	Y	G
P	X	U	L	O	B	G	C	X	C	O	W	R	T	B	Q	L	N	N
Q	Q	N	D	O	J	K	K	O	Q	R	Z	E	C	A	O	R	S	A
E	N	T	N	D	J	N	Z	A	Y	L	J	P	Z	Z	P	G	B	Y
T	H	S	K	L	J	E	A	L	F	V	S	S	L	O	P	C	K	I
N	G	C	K	E	W	X	N	B	R	X	U	U	O	O	A	K	L	P
S	E	U	I	O	F	S	I	H	G	R	L	N	L	K	N	I	F	P
Q	T	T	Q	P	B	N	L	B	U	E	U	K	L	A	H	A	A	X
O	T	R	T	P	K	P	O	O	G	E	S	A	I	Q	X	Y	U	A
E	S	X	K	E	W	I	T	K	V	B	W	B	S	A	W	U	A	C
U	S	L	I	E	R	U	H	X	S	M	V	B	V	R	S	X	R	L
E	O	U	N	M	S	A	E	V	O	I	Z	N	V	X	N	U	A	U
T	Z	L	A	A	M	U	G	H	M	H	E	A	R	U	X	B	I	Y
G	J	I	E	R	D	U	A	I	W	T	N	A	D	H	Y	C	D	B
I	M	C	S	Z	B	T	G	P	Z	B	E	I	N	B	R	Q	E	S
N	S	S	L	R	H	B	X	U	A	U	S	I	L	Y	Y	D	R	Y
D	R	W	O	E	H	P	T	R	A	L	E	R	X	Q	P	A	X	M
S	I	P	E	F	S	K	C	O	R	K	I	L	C	D	K	M	M	F
I	V	I	L	Z	U	C	P	N	C	B	R	L	F	B	L	D	P	R

KNUSPERZAUBER
KAUGUMMI ZIGARETTEN
BANJO
BAZOOKA
HIMBEER BONBONS
STORCK RIESEN

BRAUSE UFOS
ROCKS LOLLIS
EISKONFEKT
LILAPAUSE
RAIDER
NAPPO

Z	O	J	L	O	B	T	C	T	S	K	T	S	G	G	V	W	C	P
Z	A	O	Q	C	Z	A	N	I	B	M	A	B	Y	M	C	G	D	E
Q	F	V	M	Q	X	C	S	D	Y	E	U	U	Y	H	N	Q	S	S
F	D	F	F	J	A	X	V	W	G	H	K	X	A	E	G	D	B	U
J	P	M	X	R	B	V	L	U	T	I	H	W	P	N	X	Z	P	A
N	Y	C	A	A	O	X	W	L	M	M	R	Z	E	N	G	B	X	R
T	E	M	B	A	J	N	A	Q	O	Y	Q	H	R	D	Q	D	S	B
Z	A	B	E	D	T	Y	S	B	I	I	C	N	D	E	T	I	S	J
C	U	O	J	X	N	Q	C	G	C	S	E	M	P	R	E	F	K	O
B	B	H	S	Y	U	F	E	F	R	L	O	U	E	R	Z	P	Z	H
Z	B	I	W	E	K	O	I	I	R	B	F	E	F	Y	X	R	K	A
M	N	A	Q	Q	L	X	K	E	R	F	T	F	N	G	W	G	Q	P
D	H	M	P	K	J	A	P	C	R	S	U	Z	F	V	D	M	U	A
D	R	G	U	N	X	S	M	E	P	P	N	T	C	Y	T	X	T	M
T	O	Q	N	X	E	C	I	A	R	T	V	T	Y	K	E	C	O	W
W	K	Y	K	B	H	S	P	E	E	A	B	I	I	R	E	T	E	R
S	P	N	E	L	T	A	P	X	Q	U	O	Y	V	N	P	B	R	S
J	U	I	P	A	L	S	I	P	X	U	S	Q	D	V	K	M	T	F
K	L	S	F	N	U	H	T	R	J	Z	R	E	O	R	R	R	C	K
F	C	E	Q	N	S	U	X	M	A	G	I	C	S	J	N	O	H	B
Y	L	Y	K	M	A	B	M	U	I	K	K	R	L	P	U	E	E	P
R	O	T	E	D	C	B	V	W	R	G	T	S	L	Y	E	S	N	X
J	K	G	Q	X	X	A	U	T	M	P	S	O	F	M	X	C	B	O
B	G	G	V	R	G	D	U	W	L	J	Q	T	V	H	L	R	K	A

MAEUSESPECK
BAMBINA
PUFFREISTAFEL
TREETS
YES TOERTCHEN
KNUSPERPUFFREIS

AHOJBRAUSE
ROTE KIRSCHEN
CARAMAC
HUBBA BUBBA
MAGIC GUM
LIEBESPERLEN

N	W	H	E	K	M	I	L	K	A	Z	D	W	S	D	X	M	V	G
Y	G	Q	Q	C	B	Q	D	V	A	X	P	I	T	G	W	X	O	K
N	P	R	S	E	H	F	W	Z	W	I	H	J	G	M	V	D	H	G
E	X	Q	Y	R	N	U	E	C	I	T	L	S	Y	V	T	K	W	P
W	B	A	L	I	S	T	O	F	X	U	S	B	C	C	J	V	M	T
Q	P	S	M	G	K	E	P	S	D	E	L	F	K	N	F	W	O	H
G	V	J	Q	T	C	I	M	M	M	G	V	U	J	J	J	Y	N	Y
C	I	S	S	B	Y	T	J	V	F	B	G	E	O	H	F	S	V	N
T	O	U	X	N	L	T	Y	Y	U	O	Z	U	Q	M	T	F	E	F
W	Y	V	C	Z	R	U	O	N	B	S	T	Y	R	U	T	H	V	N
E	T	H	C	E	U	R	F	O	N	I	P	M	A	C	C	Y	V	O
D	O	J	U	M	W	F	H	O	T	L	K	C	Y	N	Y	M	E	B
U	H	O	J	W	Y	I	X	B	Z	W	X	L	I	H	Z	A	V	N
T	J	Q	V	X	L	T	N	E	T	T	E	L	A	R	T	I	V	O
F	I	U	N	N	R	T	Q	T	I	T	E	L	K	F	W	B	F	B
R	K	P	X	S	U	U	M	K	M	T	W	M	O	J	I	L	B	H
X	E	C	L	R	C	T	L	T	S	Z	R	C	J	E	Z	A	K	U
T	K	E	I	E	O	E	L	U	N	D	O	A	R	B	E	E	G	K
P	T	N	O	I	K	P	H	S	I	N	I	K	L	I	M	T	H	T
B	A	Q	O	X	S	C	I	V	R	U	F	A	D	M	W	T	A	Q
M	S	O	C	T	N	I	I	I	U	Z	F	V	R	S	M	E	V	G
L	N	V	V	C	H	O	P	R	M	U	J	I	B	S	B	R	R	T
B	L	U	L	Z	M	T	G	S	P	I	O	X	D	K	R	F	R	A
X	P	T	Z	S	E	N	E	Z	N	E	U	M	O	K	O	H	C	S

BALISTO
SCHOKOMUENZEN
MAIBLAETTER
CAMPINOFRUECHTE
HUSTELINCHEN
VITRALETTEN

PRICKELPIT
KUHBONBON
CURLYWURLY
TUTTIFRUTTI
MILKINIS
MILKA LEO

C	S	E	L	Q	R	S	I	J	B	C	J	N	V	R	N	H	L	L
Q	D	D	J	H	H	H	S	X	P	N	E	N	N	I	P	S	O	Z
V	L	A	V	D	K	Y	U	T	B	N	Z	L	N	M	B	C	C	R
D	O	U	N	L	U	C	A	F	O	C	N	E	E	L	I	X	A	U
G	W	D	D	V	O	C	M	B	V	L	A	I	G	H	Y	C	G	T
J	Q	V	P	O	Z	T	K	A	A	H	F	G	V	L	C	E	K	C
T	W	J	P	Q	W	Y	K	R	T	I	F	T	W	D	D	I	E	Y
J	S	E	L	F	K	G	P	R	V	L	I	U	H	U	N	L	M	I
P	R	U	A	R	V	P	R	A	N	P	N	B	O	W	T	S	W	Y
V	D	K	H	H	G	W	D	C	K	Z	V	W	Q	H	A	V	P	P
D	I	E	P	C	J	U	W	U	X	C	O	Q	J	G	G	V	R	S
J	Y	L	P	E	X	W	R	D	N	P	N	L	T	P	Y	I	B	F
D	G	G	G	N	N	O	L	A	I	N	F	L	F	D	V	D	R	J
A	S	M	T	Z	T	C	O	I	U	K	V	O	Q	O	F	I	D	D
U	B	S	C	M	Q	W	E	Z	W	R	R	X	F	X	J	G	B	D
H	G	T	X	V	H	I	R	Z	T	O	I	X	W	Z	E	J	E	U
Q	E	L	W	L	X	P	F	H	O	A	Z	T	E	N	D	T	V	K
M	T	T	K	F	O	R	P	H	E	Y	N	Q	T	S	U	L	G	O
X	E	D	W	Y	M	Q	D	N	M	A	F	L	K	C	A	Z	T	O
Q	H	A	J	O	D	L	C	K	L	N	E	X	R	M	K	T	M	I
D	S	O	S	M	A	O	H	L	Q	M	Z	H	S	M	Y	U	Q	G
E	F	C	C	N	X	Z	I	E	E	Z	Y	B	U	F	M	K	R	Q
I	H	Y	O	M	Z	A	A	N	F	U	Z	A	T	J	C	T	S	Q
I	C	D	Z	X	V	P	S	R	A	T	P	D	A	F	C	Q	P	G

MICKY MAUS
DONALD DUCK
YPS HEFT
GENTLEMEN GMBH
DAN COOPER
ZACK
MICHEL VAILLANT
BARRACUDA
DIE SPINNE

U	F	U	E	F	Y	W	P	Z	F	K	D	O	U	U	B	C	U	T
L	T	I	C	Y	M	R	T	B	F	B	N	M	U	A	D	R	I	O
P	S	A	X	J	R	R	Y	M	K	N	A	G	I	B	O	R	X	R
K	Y	K	P	C	O	T	Z	K	F	D	M	X	N	N	Y	W	W	M
I	R	E	P	U	S	H	G	X	E	M	M	U	M	O	P	R	F	X
F	E	I	X	L	P	A	W	F	T	L	O	M	C	A	K	B	H	A
K	L	R	Y	M	N	Y	E	O	E	V	C	Q	J	Y	R	B	M	V
U	I	Q	M	W	Y	N	L	F	R	D	P	J	C	O	P	I	C	C
S	S	J	U	G	D	Y	G	J	R	A	E	P	U	N	W	G	O	J
C	S	O	B	E	S	Q	F	I	H	F	I	P	B	A	C	P	I	O
R	I	W	R	L	H	H	Y	D	D	K	B	D	I	M	Q	P	O	C
A	M	Q	Z	S	D	J	Q	F	D	X	W	U	E	T	U	J	T	J
M	Y	Z	F	G	A	P	E	O	B	Z	F	U	C	R	N	E	Q	Q
B	I	Z	C	R	G	U	D	M	J	B	I	P	O	M	S	E	Z	H
L	T	I	S	O	F	K	I	C	M	X	L	O	T	T	N	P	C	I
E	I	N	V	A	D	E	R	S	M	R	K	K	Y	C	P	S	Y	R
R	X	L	Y	T	F	P	R	L	Z	J	T	E	K	E	A	P	Z	S
P	E	U	D	R	S	T	A	R	Y	A	K	S	I	M	D	A	U	H
S	A	G	O	O	O	O	T	U	Z	N	O	L	V	I	Y	C	F	Q
V	H	Q	G	F	Y	T	D	I	O	G	E	G	D	U	V	E	C	S
M	E	V	V	O	K	N	A	D	R	X	W	N	G	O	R	F	X	R
K	I	W	I	C	R	W	S	L	X	I	E	T	O	A	C	P	D	Q
Y	B	U	M	P	W	F	I	Q	B	O	Q	S	Y	D	S	A	J	Q
U	L	T	P	F	S	W	P	L	E	K	D	P	B	A	I	M	P	J

STAR RAIDERS
DEFENDER
SUPER MARIO
DONKEY KONG
FROGGER
CENTIPEDE

DIG DUG
SPACE INVADERS
SCRAMBLE
PAC MAN
MISSILE COMMAND
GORF

J	O	H	N	A	M	R	W	Z	B	U	H	Z	A	R	A	H	X	R
O	T	F	I	I	E	V	F	E	V	S	E	L	L	E	R	S	O	S
D	S	N	I	G	H	U	A	P	T	K	G	F	W	J	F	M	D	B
R	T	K	A	N	R	S	B	X	P	M	T	R	H	O	Y	T	I	E
U	Z	N	L	L	D	E	U	P	J	C	T	D	J	O	A	F	R	R
C	B	P	F	E	P	V	T	L	E	O	Q	Z	M	K	J	S	G	G
N	K	J	R	N	Z	O	J	E	E	P	I	I	Q	E	I	C	N	M
H	F	U	E	N	K	B	R	P	P	B	H	X	S	B	X	H	I	A
O	M	E	D	O	L	E	A	N	D	E	R	S	O	J	H	N	V	N
J	A	R	W	N	T	T	C	Q	V	D	E	B	X	V	Z	E	V	N
F	R	G	G	L	G	N	O	A	H	P	Y	O	W	W	Y	I	N	I
J	L	E	U	Q	O	G	B	D	G	L	N	D	P	L	G	D	V	J
E	E	N	G	G	B	H	I	P	Y	E	J	R	K	F	H	E	Z	J
V	Y	S	I	S	K	Q	O	F	E	J	U	F	Y	H	B	R	J	S
E	H	D	G	A	E	R	U	E	O	H	X	X	H	I	Q	L	U	D
T	S	F	R	G	O	I	U	B	S	P	O	F	H	T	K	R	V	R
S	W	E	H	G	R	Q	E	L	C	J	W	K	F	C	N	C	D	N
P	B	N	X	G	C	I	A	E	S	W	E	B	D	H	V	W	H	K
S	B	L	Q	M	R	D	V	A	Y	G	N	M	P	C	H	T	B	I
B	I	A	A	H	I	T	V	R	R	B	S	P	L	O	Q	H	W	P
Y	B	S	D	Z	C	F	N	J	R	L	W	I	Q	C	L	T	Z	H
V	W	V	N	Z	W	E	I	A	G	U	X	D	K	K	X	A	M	G
I	T	K	O	B	H	V	S	Q	P	S	X	P	C	U	J	H	B	V
I	K	K	F	B	Y	B	H	I	V	Z	D	E	U	D	P	Y	T	X

7 gestorben 1980-83

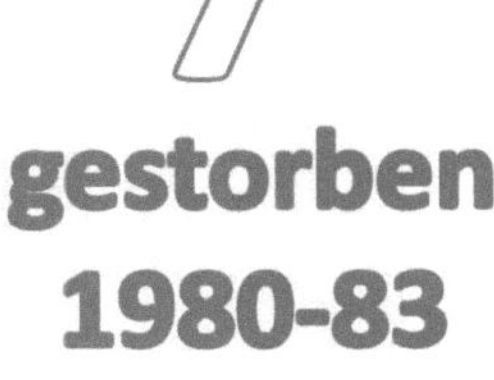

1980

JESSE OWENS
ALFRED HITCHCOCK
PETER SELLERS
STEVE MCQUEEEN
JOHN LENNON

1981

BOB MARLEY
ZARAH LEANDER

1982

JOHN BELUSHI
ROMY SCHNEIDER
CURD JUERGENS
HENRY FONDA
INGRID BERGMANN

W	L	C	H	L	P	J	M	K	G	W	I	G	T	S	Q	Q	S	U
T	O	G	E	L	U	M	U	R	E	E	S	L	T	H	X	L	M	G
A	S	R	R	K	S	T	A	W	H	V	E	J	E	C	F	J	L	B
T	U	A	G	E	Y	C	K	R	H	L	L	I	H	R	Z	L	J	S
I	T	N	E	L	E	Q	W	S	C	Y	N	A	O	B	E	A	I	E
O	R	T	E	L	Z	E	Y	V	M	R	G	L	H	O	Q	U	J	B
Q	E	K	I	Y	L	U	J	V	I	A	Q	A	B	U	O	U	R	N
N	B	D	V	L	E	B	S	C	L	M	K	B	E	L	G	U	E	N
P	R	C	E	B	U	L	H	L	V	J	I	S	X	B	N	M	O	F
J	E	S	B	E	K	V	A	N	A	E	D	G	E	N	I	S	A	C
J	H	Y	X	Q	Q	N	O	S	D	U	H	Y	E	N	R	U	T	U
Y	Q	N	M	A	E	E	B	D	L	H	G	R	Q	O	U	O	T	H
Y	G	R	P	V	W	V	D	E	H	Z	J	A	R	S	X	F	U	A
U	L	A	W	D	C	Y	C	M	Z	A	B	I	R	H	U	K	K	B
L	Y	V	V	V	D	Q	K	Y	N	X	I	H	K	M	V	J	A	G
P	W	J	O	S	E	P	H	W	X	C	W	L	O	T	L	H	J	M
B	L	O	L	E	H	F	G	M	F	K	D	C	H	L	K	N	L	K
J	G	R	F	U	B	Q	Q	K	C	Q	T	W	V	Q	P	C	N	B
M	E	P	Y	G	N	D	W	G	H	K	T	A	C	V	L	A	L	D
O	W	V	N	B	B	H	E	D	G	Z	U	M	D	F	R	H	I	B
B	K	E	T	D	M	X	Y	E	Z	L	X	Q	R	F	Y	E	W	E
C	C	R	O	C	K	Q	V	E	U	D	L	L	K	W	O	D	I	N
D	H	U	Q	G	F	J	M	N	P	E	U	I	D	Y	M	O	R	R
U	Z	O	Y	R	A	C	H	B	U	X	S	A	H	H	Y	J	O	R

gestorben 1984-86

GRACE KELLY
JAQUES TATI

1983
LOUIS DE FUNES
HERGE

MARC CHAGALL
HEINRICH BOELL

1985
ROCK HUDSON
YUL BRUNNER
ORSON WELLES

1986
JOSEPH BEUYS
FRANK HERBERT
CARY GRANT

I	D	U	J	P	C	O	J	S	C	Z	V	D	M	B	T	M	B	A
N	E	C	J	S	W	N	P	O	T	Y	T	H	Q	M	J	J	Z	U
I	R	A	S	T	A	I	R	E	D	F	S	N	I	V	K	A	H	W
E	F	F	E	W	V	V	L	R	R	E	A	M	S	F	G	A	T	N
M	A	M	G	I	A	H	A	O	R	M	R	L	E	S	E	M	Z	O
O	K	X	Z	Q	E	H	E	G	S	I	G	S	B	U	U	N	R	S
H	S	B	X	R	N	B	I	A	T	E	O	H	X	X	A	P	U	I
C	L	Q	B	R	E	O	L	A	R	J	I	T	P	R	K	C	H	B
B	B	E	E	K	K	V	L	T	U	B	I	R	F	H	I	D	O	R
F	R	B	G	F	A	P	A	Q	T	S	Y	O	N	E	F	J	L	O
T	J	U	Y	D	D	G	H	A	N	D	Y	W	L	E	L	N	L	A
G	G	H	O	S	X	C	T	D	V	S	G	Y	V	I	U	G	A	Y
G	J	R	O	K	Z	C	N	B	F	H	I	A	E	V	V	S	H	E
W	N	B	O	N	C	V	E	I	L	A	D	H	T	X	X	I	S	J
A	S	B	A	D	U	X	S	T	O	U	G	B	W	X	G	D	E	D
R	S	D	X	E	N	P	O	Z	C	Q	V	R	I	O	O	X	M	R
H	U	J	F	L	A	U	R	E	N	C	E	R	Z	O	Z	S	F	M
O	A	E	I	K	J	L	U	O	N	W	H	P	R	I	X	R	Z	L
L	R	N	M	I	A	E	H	L	B	J	E	Y	G	V	M	Y	L	S
U	T	O	L	A	R	W	O	L	F	G	A	N	G	W	I	E	C	L
D	S	E	Z	S	A	S	Q	V	O	Y	S	G	F	U	I	I	K	J
M	M	L	T	M	K	D	N	L	N	Y	Y	Y	G	K	X	G	S	O
N	A	C	J	H	V	T	R	A	L	Z	M	S	O	P	S	J	P	S
H	I	O	J	Z	Z	C	D	Z	H	J	Q	A	X	R	E	Z	U	V

gestorben 1987-89

1987
HANS ROSENTHAL
ANDY WARHOL
BERNHARD GRZIMEK
RITA HAYWORTH
FRED ASTAIRE

1988
GERT FROEBE
FRANZ JOSEF STRAUSS
ROY ORBISON

1989
SALVADOR DALI
SERGIO LEONE
WOLFGANG NEUSS
RUHOLLAH CHOMEINI
LAURENCE OLIVIER
HERBERT VKARAJAN

L	K	K	U	J	A	U	M	A	C	I	N	T	O	S	H	J	O	M
E	D	U	F	G	T	E	L	L	I	A	D	E	M	D	L	O	G	G
N	R	E	A	G	A	N	Y	F	W	A	Y	I	U	E	G	H	T	R
T	L	P	C	O	A	D	O	V	D	G	S	T	N	F	L	N	G	U
F	E	K	F	M	R	N	H	X	I	D	E	N	T	H	D	P	Y	E
U	F	U	G	V	E	A	A	S	I	M	O	I	B	J	O	E	R	N
E	R	D	E	A	H	D	S	A	P	N	E	U	T	X	I	A	T	D
H	E	U	I	J	C	I	I	O	Z	Z	U	A	W	F	R	Z	H	U
R	U	W	R	A	E	Z	Y	A	H	G	N	T	A	O	R	Z	C	N
U	W	A	K	R	U	E	N	C	N	K	Z	T	N	W	E	O	I	G
N	R	H	D	G	B	F	O	P	E	A	T	A	I	M	K	M	L	C
G	E	L	N	N	E	H	T	N	W	I	L	R	R	O	C	O	F	T
C	B	R	A	I	G	E	G	R	R	D	E	S	A	D	U	R	P	G
O	U	U	L	K	A	S	I	T	E	F	H	O	T	E	Z	D	L	N
M	A	S	K	L	T	U	K	N	U	T	C	X	A	R	N	H	L	U
M	Z	X	L	A	J	C	T	G	F	W	E	D	K	N	O	C	A	L
O	V	S	A	T	E	R	B	O	R	U	I	N	W	L	R	W	N	L
D	O	A	F	U	E	D	E	L	F	U	E	T	F	O	K	J	H	E
O	G	E	R	D	P	B	Y	C	E	A	E	H	T	S	R	B	C	T
R	E	R	S	T	E	R	T	A	N	I	H	N	R	D	M	O	S	S
E	C	Z	K	F	Y	P	T	S	F	E	F	R	D	U	A	R	N	R
C	B	T	H	J	A	G	Y	V	X	C	P	R	E	U	N	G	A	O
W	T	E	Y	Q	A	O	D	H	V	U	H	S	E	R	N	G	X	V
V	I	E	R	U	N	D	S	E	C	H	Z	I	G	I	N	G	S	X

1980iger Ereignisse

1980
KRONZUCKER
ENTFUEHRUNG
JOHN LENNON MORD
ZAUBERWUERFEL HYPE
RONALD REAGAN WAHL

1981
ERSTER PC
AUFTRETEN AIDS
VORSTELLUNG CD
DIANA SPENCER
HOCHZEIT

1982
FALKLANDKRIEG
COMMODORE
VIERUNDSECHZIG
GRUENDUNG AERZTE
BLEIFREI TANKEN
TEMPO DREISSIG

1983
BJOERN BORG
RUECKTRITT
KUJAU
TAGEBUECHER

1984
MACINTOSH
EINFUEHRUNG
ANSCHNALLPFLICH
AUTOFAHRER
KATARINA WITT
GOLDMEDAILLE
MODERN TALKING
GRUENDUNG

E	Z	O	Z	W	R	M	P	O	C	S	Z	F	V	U	M	E	G	T
H	V	G	E	N	S	B	U	V	J	Y	N	V	S	E	X	Q	V	T
P	R	N	B	I	T	E	M	P	O	L	I	M	I	T	D	I	H	J
O	E	U	P	L	A	T	Z	O	O	A	G	Z	K	C	A	R	W	G
R	U	R	E	W	A	B	N	G	T	K	S	Z	R	E	K	C	E	B
T	A	H	G	U	V	E	M	I	F	F	R	X	U	T	Y	G	F	V
S	M	E	O	R	U	G	Z	T	Z	S	Z	P	O	R	I	B	F	S
A	R	U	T	T	S	P	Y	T	G	N	T	M	W	A	O	R	U	W
T	T	F	T	X	S	A	W	L	I	Q	E	A	E	T	V	H	E	H
A	C	N	S	F	N	C	L	E	L	T	H	B	R	S	P	J	F	D
K	K	I	C	V	V	W	H	L	E	S	A	R	I	T	Y	Q	H	T
Q	L	E	H	G	E	C	I	E	A	S	A	N	U	E	O	O	M	O
N	T	X	A	H	A	R	J	M	R	F	S	I	I	S	L	D	B	Z
V	A	W	L	M	X	H	B	C	B	N	R	A	H	C	T	B	X	T
D	T	G	K	J	A	H	N	O	X	L	O	O	D	T	O	H	L	C
I	Z	G	N	U	K	C	E	D	T	N	E	B	V	G	A	M	E	Q
A	K	I	O	R	T	S	E	R	E	P	J	D	Y	M	P	M	C	G
K	L	A	B	X	X	H	O	I	L	D	Z	P	O	L	K	N	C	A
U	H	S	M	T	D	I	H	W	E	T	T	E	N	N	T	N	W	G
C	I	Z	W	Y	W	M	U	R	E	T	O	R	Y	V	U	K	P	I
L	O	Q	B	G	J	C	W	G	L	E	H	C	S	R	A	B	K	M
P	L	D	L	E	G	S	G	N	U	S	S	E	U	R	G	E	B	A
G	L	A	S	N	O	S	T	A	F	F	A	E	R	E	Q	H	O	E
T	I	H	F	J	T	I	R	R	E	G	N	E	L	L	A	H	C	B

1980iger Ereignisse

1985
AMIGA START
BECKER WIMBLEDON
ENTDECKUNG
WRACK TITANIC

GLASNOST PERESTROIKA
TSCHERNOBYL VORFALL
CHALLENGER
KATASTROPHE
1986

1987
MATHIAS RUST
ROTER PLATZ
BARSCHEL
AFFAERE
WETTEN DASS
GOTTSCHALK

1988
VERBOT BLEIBENZIN
DAX EINFUEHRUNG

1989
AVUS TEMPOLIMIT
FALL DER MAUER
GAME BOY START
BEGRUESSUNGSGELD

R	A	S	T	E	R	F	A	H	N	D	U	N	G	T	F	Q	M	X
T	M	S	M	B	V	G	O	H	S	I	T	F	U	R	G	H	F	T
H	D	T	A	F	B	H	R	X	E	H	Y	O	U	T	G	X	N	A
Z	K	U	U	V	E	N	R	U	B	R	N	N	H	V	V	O	I	I
T	Y	N	E	O	N	A	Z	I	E	H	B	S	G	N	J	M	F	L
C	T	H	R	Q	D	P	Z	H	M	N	V	S	U	Z	S	R	L	G
Y	T	S	F	L	A	G	W	W	N	C	E	L	T	K	L	O	R	N
U	M	I	A	O	Y	B	M	X	P	H	L	J	Z	Y	P	F	E	E
P	C	P	L	A	D	T	F	F	I	L	F	S	B	S	R	E	I	B
P	R	U	L	D	D	H	L	O	O	P	A	O	O	C	I	R	S	R
I	E	Z	A	E	B	J	O	E	L	H	N	B	T	H	V	S	E	E
E	P	D	T	D	K	K	S	T	U	R	V	U	U	U	A	T	F	T
S	P	O	S	G	P	U	J	S	E	C	Z	T	A	L	T	I	R	S
N	O	M	W	D	N	L	N	H	U	I	O	T	T	T	F	E	E	D
G	P	T	S	G	A	P	C	D	M	B	S	E	L	E	E	H	I	L
T	Z	S	M	U	T	S	D	H	W	O	E	R	E	R	R	D	H	A
I	Y	A	C	V	T	C	K	B	H	R	O	B	W	P	N	N	E	W
K	O	N	D	O	M	A	G	V	E	E	Z	E	M	O	S	U	I	Z
I	X	N	W	U	K	T	U	S	H	A	Q	R	U	L	E	S	T	W
D	T	T	X	E	W	E	S	C	T	E	K	G	F	S	H	E	X	R
T	I	H	V	E	Q	I	X	N	C	A	O	X	O	T	E	G	L	E
T	F	W	F	Q	E	Q	R	A	U	L	F	B	C	E	N	J	I	O
C	H	I	K	H	T	Y	L	F	Q	C	Q	U	Y	R	T	O	T	L
N	N	K	A	E	R	F	R	E	T	U	P	M	O	C	K	Z	F	G

12

1980iger Schlagworte

RASTERFAHNDUNG
NULLLOESUNG
HEISSER HERBST
UMWELTAUTO
TSCHERNOBYL
KONDOM
MAUERFALL
GESUNDHEITSREFORM
REISEFREIHEIT
WALDSTERBEN
NEONAZI
GRUENE
COMPUTERFREAK
POPPER
YUPPIES
AEROBIC
GRUFTIS
NDW
BUTTERBERG
PRIVATFERNSEHEN
SCHULTERPOLSTER

M	S	C	Q	P	X	Q	C	X	C	J	N	U	R	U	L	A	D	V
K	G	U	W	P	R	I	N	E	K	D	Q	H	D	U	M	E	B	K
I	Z	H	N	X	E	U	N	J	Y	A	U	D	Q	A	R	P	S	P
A	T	H	X	B	P	W	I	D	O	X	D	L	Y	G	A	U	B	D
P	T	Q	Z	F	U	U	R	M	K	R	H	B	F	Q	P	R	A	W
W	E	V	O	L	O	Q	E	L	U	R	E	A	L	E	I	L	O	A
R	O	U	J	M	R	K	D	Q	F	U	X	V	R	C	E	M	Q	B
Z	Y	U	U	A	T	M	E	G	G	U	Q	D	K	L	A	F	Z	G
D	X	N	H	T	D	Z	G	W	J	Y	N	I	G	N	N	R	I	D
E	Q	S	H	A	D	S	N	L	M	L	N	K	J	W	C	N	R	D
A	V	Z	L	D	E	O	A	W	G	O	Z	T	Y	Z	H	Z	Q	E
M	M	I	B	O	O	Q	K	E	E	O	J	U	C	T	G	K	P	N
G	C	J	M	R	W	G	S	S	B	F	O	Z	G	Z	O	B	M	H
V	C	Z	F	S	A	W	U	F	Q	N	Y	D	I	V	R	W	Y	F
R	V	T	E	L	L	M	E	F	E	R	V	B	T	D	D	K	N	A
W	H	H	X	Q	L	E	X	G	M	G	K	M	E	R	U	D	S	E
E	M	M	M	V	L	U	P	J	A	S	A	I	R	A	M	B	T	Z
J	O	C	U	I	H	O	N	S	I	X	P	E	L	E	P	P	I	N
A	B	A	N	V	W	F	A	Z	D	W	A	T	N	A	S	I	T	S
M	H	G	C	Y	U	D	A	N	A	X	T	D	N	E	K	E	E	W
A	L	U	S	K	R	R	D	V	L	B	U	P	U	X	J	Z	M	R
I	S	M	K	G	B	V	L	X	I	Q	J	Y	L	Y	D	G	L	H
C	B	P	F	Q	G	B	K	D	M	A	R	P	I	B	U	T	V	R
A	Q	T	G	X	X	X	C	U	H	A	N	O	T	H	E	R	J	E

1980
Hits

MAYBE
SUN OF JAMAICA
ANOTHER BRICK IN THE WALL
ITS REAL GOOD FEELING
WEEKEND

DER NIPPEL
FUNKYTOWN
XANADU
SANTA MARIA
WOMAN IN LOVE
SUPER TROUPER
MATADOR

K J O E O W I M S D C G O K F T A E K
E B Y I L S B V A A S W S T G K P D H
K Q Z Y K G I E T H R Q P T S A P X Q
I C N D C D E N V S A A K T I R L F U
L R N I Q B D U H F P R H K V D E Y V
L E R Q R N E S H Q C E B P Y A G N L
I K W Y S I R P H M A B P A Y S A R G
F L I Q O M M J U I H S B K H H T I U
S O L V K N A C O N N O R I T I E Y D
E W L A T Q N X H C B Y W A R A W O M
M Y I G L Y N Q M N S S N O A N K M K
I Q A D S J F S W B C U I F B B P C F
K E M P U V F I R Q E D W H N U C T A
V B S X J M D G L S P V A P E H S M N
R S M F Q Y W N T C X E V G G N S W I
G I S E L E J I H K Y Q B V E W I M T
U X U X J W J H Y S J S Z M H W Q V R
I N E H C D N E U B O I B S O Q M U A
O B M N A T P U C W T B C Y J X H C M
O E F X G O S L I N J E A N E T T E M
B J G O Q O W Y X G E L F Q R I J E T
I C W D I K M L D R S N E A G H T J G
A N I T S I R H C O F T W U M J K N W
J R F F M Q X W X R O N A L D I N H O

1980
geboren

ARTHUR ABRAHAM
JEANETTE BIEDERMANN
RONALDINHO
WOLKE HEGENBARTH
SARAH CONNOR
SIBEL KEKILLI

VENUS WILLIAMS
GISELE BUENDCHEN
MARTINA HINGIS
KIM KARDASHIAN
RYON GOSLIN
CHRISTINA APPLEGATE

S	H	A	D	D	A	P	Y	G	R	E	Y	T	T	N	M	O	S	A
T	F	H	W	A	N	C	W	G	Q	B	I	I	O	L	H	F	T	L
T	A	I	N	T	E	D	Z	L	T	W	W	T	U	N	E	V	O	L
B	U	E	C	N	A	D	B	R	N	N	Y	L	I	N	I	W	K	S
Q	Q	U	M	H	J	B	U	I	P	G	L	S	B	H	X	G	M	U
W	X	E	Q	Y	A	X	M	B	R	Z	O	T	J	X	M	T	H	P
A	E	R	Y	Y	W	C	P	I	U	D	V	A	E	D	F	K	O	T
W	I	D	J	W	O	B	W	F	J	W	E	R	J	T	A	K	L	W
V	N	T	M	S	V	I	L	T	B	W	R	S	P	T	C	Y	P	M
B	G	M	H	G	N	T	Y	C	O	X	D	Y	S	A	E	D	I	D
T	H	Q	I	E	J	O	C	J	O	Y	O	U	J	L	P	B	Y	V
I	O	E	P	N	U	L	U	R	M	B	C	W	E	I	Z	D	U	E
S	T	Y	H	X	E	X	S	Y	N	P	N	C	T	T	O	U	S	V
H	H	E	V	P	G	O	E	A	N	G	E	L	T	T	R	B	N	I
Z	Z	S	O	T	T	F	Z	J	X	S	C	W	E	L	D	G	O	F
G	N	C	H	W	Y	E	W	K	Y	L	I	R	B	E	G	K	V	Y
X	A	M	A	O	Z	Q	W	O	Q	P	P	V	V	M	Q	D	E	T
T	H	G	H	M	A	U	J	Q	R	Y	F	K	A	Z	D	Y	H	R
D	G	Q	E	A	I	U	F	J	M	N	O	U	K	D	E	A	G	O
L	D	O	Q	N	R	O	N	G	P	O	L	O	N	A	E	S	E	F
M	T	R	E	W	A	A	H	L	J	Q	G	Y	O	T	E	D	F	U
L	O	C	I	Q	E	V	Y	X	Q	Z	C	Z	O	R	P	D	I	D
T	P	B	Y	T	F	O	U	P	Y	K	E	F	I	J	F	K	A	D
D	H	G	E	E	S	E	N	E	K	N	A	L	B	N	T	L	K	F

1981 Hits

WOMAN IN LOVE
ANGEL OF MINE
FADE TO GREY
SHADDAP YOU FACE
IN THE AIR TONIGHT
STARS ON FORTYFIVE
BETTE DAVIS EYES
DANCE LITTLE BIRD
TAINTED LOVE
POLONAESE
BLANKENESE

```
M O N W J B F V R O G E R H I L T O N
S X V N O E G L S R A E P S O A L B A
Q B W L A D S V O E M U T Z K E I C K
U I L T T M F S W R H P S H I V A L Y
T X X L I N R E I Y I U F N S B N N T
Q H C E S M O E W C H A I I J Q R S E
Y E N Q J R O T M O A T N T F N I N N
R C O A X G E M Y H V B T S R A M P E
T M T S O E A R A E E X F U E T G X S
I O S X N S W B E X L O C J F A Z A I
M T E G F D G M J D I L B K E L V P E
B Z L S E R E N A H E M S W O I C O R
E A D M A T T H I A S F I T H E M R E
R Q D F I Z S W F L F C V L G A M T B
L A I W C H K C N E I S D V I C M M L
A L H V Y E V G X S I O E K E A V A I
K V L K Y U I A G P M D L X W M N N S
E L N S X Q S F F B S A S O H O V X E
W H X I B L I Y W U F L I C C L G H Y
M C M E A N R H B E J T U L S P R Y I
V S Z H L O A R T U D Q Y Y L Z N L P
D H A G E N P T P I C B A I C I L A C
A E X D A X T T I W E H Y P H K W H V
J A N C O S M A S F P Y E N T I R B S
```

16

1981 geboren

ALICIA KEYS
JUSTIN TIMBERLAKE
TOM HIDDLESTON
PARIS HILTON
JAN BOEHMERMANN
LLEYTON HEWITT
COSMA SHIVA HAGEN
TIMO BOLL
MATTHIAS
SCHWEIGHOEFER
JESSICA ALBA
MAXIMILIAN MUTZKE
NATALIE PORTMAN
FLORIAN SILBEREISE
ROGER FEDERER
SERENA WILLIAMS
BRITNEY SPEARS

B P C K D B M U V U U R Y D P A C A O
J C X L L S L M P S X M W T K O Y T Y
O B S V U G I Z K L S O H R G V K G N
I T Q U V S Z A S F T M Z S V B O D M
R M R Z H I N X R P R Y Y K M M Q K D
B Q R Y K D C I G I A O H K D Y Z W A
J C V M A J E H Y Z A S M D E I W S A
L Z Z L K D G B U U Z Y S A R I H P L
J W Y G E I I R K S O U E W X V E X G
E V C N N S Q V R D R O K R C K F L C
W X F A S D A G I R Y F A S U O L B N
X O C C B Y H Y Z O M O D D Q M Q O B
Q R H E L P F K E W C A I K M M U M U
Q E B V T R U H B O L F I M G I C I P
N D S Z A C V S R C M S V D N S O Q M
N D O Z H D O R R V J M E C E S R W G
T G M P N I O K E M S G N E N A L A F
H C R A D P M R P U E S K A I R E N I
W J A A Q J M E S Y V B X V B N A T C
S Y O T W S J A C W L N O V Z Y N F L
N T T Z C F I L Q S K L B P R P S F U
X K T T Q T Y L E H D W I O U H Q Z A
Y N O B E V M Y X N G M V W L O E T L
V I M E B Q B A X S O I R T C T Y H U

1982

Hits

ONE OF US
SKANDAL IM SPERRBEZIRK
DER KOMMISSAR
EIN BISSCHEN FRIEDEN
EBONY AND IVORY

MAID OF ORLEANS
ICH WILL SPASS
ADIOS AMOR
WORDS
DO YOU REALLY
WANT TO HURT ME

F	Z	M	W	B	S	L	Z	Z	L	G	T	E	O	Q	X	T	H	E
H	F	B	L	L	G	X	M	Z	M	C	X	U	Z	C	P	S	F	J
J	B	E	C	S	Z	Y	R	Y	W	P	H	E	L	V	V	O	Q	N
O	Y	H	U	J	Y	N	F	K	Z	J	N	V	C	M	C	Y	V	Z
F	Y	D	Z	W	D	G	D	A	E	I	K	W	S	O	Z	S	O	Z
A	G	N	S	O	T	C	Y	A	T	U	E	T	P	Q	L	Q	S	Z
R	G	Z	L	V	T	V	I	S	N	T	W	Y	G	L	I	G	C	N
I	N	G	W	H	M	L	U	V	E	I	D	A	N	F	Q	Z	U	A
M	I	A	J	Z	X	J	O	K	S	U	U	X	S	F	W	C	G	S
M	L	R	H	X	M	C	S	M	N	N	W	E	B	W	D	E	K	P
P	L	V	O	E	N	Y	N	S	U	L	G	L	E	P	N	T	M	D
Q	I	X	B	V	N	I	T	E	F	P	X	P	A	M	I	I	O	C
J	H	L	O	T	D	V	Y	M	T	C	I	Q	A	H	N	T	A	X
S	C	A	L	R	C	N	O	J	I	S	Z	H	C	E	E	E	F	E
Y	S	H	V	D	W	T	J	V	R	O	R	V	K	C	H	Z	G	Q
H	P	B	K	L	T	P	X	V	E	C	J	I	T	Z	P	R	L	O
M	E	K	A	S	K	R	F	F	D	U	V	K	K	Z	C	Z	F	L
N	C	M	T	Q	F	I	U	O	U	Q	I	K	Y	R	I	U	B	N
Q	A	G	P	W	O	Y	P	F	T	J	K	L	M	D	T	E	I	W
V	E	I	B	E	G	S	T	E	I	N	K	J	R	V	Q	V	O	V
J	X	A	Y	D	N	A	S	X	A	C	B	W	A	S	W	B	S	C
W	K	M	Z	O	J	W	S	Q	G	H	I	T	R	O	Z	P	H	U
I	V	J	X	K	C	I	D	D	O	R	Y	U	D	H	A	D	Q	Z
I	R	X	I	T	L	A	P	M	G	F	J	N	N	H	S	V	O	Z

1982

geboren

TOM SCHILLING
AXEL STEIN
KIRSTEN DUNST

JUSTINE HENIN
GIL OFARIM
ANDY RODDICK

B	R	U	T	T	O	S	O	Z	I	A	L	P	R	O	D	U	K	T
J	K	P	Q	J	A	X	D	D	J	H	C	H	Y	Y	X	U	C	P
K	D	E	Q	I	A	W	E	D	S	U	N	S	H	I	N	E	A	N
J	H	Q	F	W	R	H	P	J	W	Z	Z	D	P	K	S	R	N	E
E	R	E	G	G	A	E	O	I	P	E	R	R	F	Y	L	V	D	U
C	A	H	A	Q	J	H	V	R	S	M	F	O	C	O	D	O	S	N
L	Z	D	F	J	U	L	I	E	T	M	N	T	P	K	B	M	T	U
G	O	X	M	R	G	N	U	C	T	I	N	T	C	Y	R	Z	A	N
V	Z	Z	A	C	Y	D	T	B	O	P	R	P	Q	O	L	P	Y	D
C	R	D	J	O	L	B	G	O	H	D	A	A	F	N	U	L	I	N
U	Q	F	O	M	H	G	Q	B	O	W	V	T	Z	B	C	A	K	E
S	V	E	R	E	S	A	U	S	E	S	C	H	R	I	T	T	N	U
L	M	L	W	P	E	H	Q	H	G	D	J	V	D	S	P	V	J	N
I	U	J	H	X	Z	U	R	P	X	X	O	M	V	P	L	P	A	Z
E	M	F	F	I	A	E	F	F	P	J	L	V	M	Z	O	B	Y	I
M	H	O	T	Y	A	M	R	M	U	A	K	O	B	X	S	D	R	G
E	G	Q	S	B	T	C	Y	Z	F	I	O	O	Q	A	T	J	O	Q
P	S	H	H	T	A	P	H	P	A	G	S	J	H	J	W	R	K	J
N	W	N	Y	Z	K	L	H	O	J	R	J	K	E	H	A	T	O	V
U	L	U	D	A	T	D	L	N	P	M	V	C	M	Z	S	N	I	Y
I	J	C	J	Y	C	X	O	O	O	I	Y	A	E	O	E	I	E	C
V	C	F	M	C	E	C	X	T	N	B	N	B	N	I	Z	X	B	P
W	J	I	L	I	K	E	Z	S	A	S	D	O	C	B	R	U	J	E
H	B	T	R	D	Z	Z	Z	B	D	F	X	Z	A	X	N	P	Z	G

1983
Hits

MAJOR TOM
NEUNUNDNEUNZIG
LUFTBALLONS
TOO SHY
BRUTTOSOZIALPRODUKT
COME BACK AND STAY

JULIET
BABY JANE
CODO DUESE IM
SAUSESCHRITT
SUNSHINE REGGAE
ILIKE CHOPIN

J	C	E	T	Q	H	Q	N	E	D	D	E	T	I	Y	D	Q	Y	L
V	R	E	M	F	U	I	I	N	E	D	W	O	N	S	Y	M	A	P
H	T	M	L	I	E	Z	L	P	S	K	P	B	N	E	L	H	P	C
Q	A	O	B	T	L	V	V	R	Y	J	T	G	F	W	M	I	I	F
X	R	D	S	L	V	Y	W	X	I	F	I	J	E	F	L	K	Q	Y
H	V	V	M	O	U	S	O	A	G	K	Y	S	W	I	L	L	I	L
V	E	P	E	J	D	N	Z	B	V	E	U	O	H	H	N	V	Z	K
K	S	U	L	H	I	B	T	C	O	O	N	P	N	J	H	U	V	L
G	A	P	F	D	U	G	U	K	H	K	Y	V	N	K	A	F	O	A
X	F	U	F	E	R	Y	Z	E	O	M	D	I	R	Z	H	R	B	A
X	M	N	W	I	R	E	N	M	I	C	H	A	E	L	A	Y	M	S
P	T	P	B	B	V	I	D	N	F	Q	Y	N	L	M	Z	D	D	L
F	N	V	P	K	W	U	I	N	K	R	A	M	K	L	A	W	S	Z
S	L	J	Z	P	I	L	U	Y	A	R	F	S	G	R	Y	O	N	V
S	P	L	N	M	B	O	I	N	E	X	E	V	Z	N	X	N	K	E
Z	D	R	R	T	V	O	P	F	J	T	E	Z	V	D	S	R	W	Q
F	H	N	C	P	D	Y	E	X	C	A	W	L	Y	Z	E	L	E	K
Q	Q	K	U	R	L	A	S	Q	H	M	Z	X	A	T	B	H	G	W
D	S	P	A	F	H	O	I	M	F	Y	C	B	S	K	Z	Y	R	Q
N	Q	W	F	C	B	F	E	M	T	F	P	R	S	Z	C	T	V	M
L	D	H	S	X	M	P	A	O	J	M	O	O	U	K	P	C	Z	C
E	Z	U	Q	W	H	Y	C	A	Y	F	D	N	A	I	R	O	L	F
L	R	T	L	Q	E	I	C	K	U	M	L	A	U	F	K	F	C	Z
O	I	J	W	R	Y	Y	Z	Z	F	D	B	F	X	O	D	X	E	R

1983
geboren

MARK FORSTER
EMILY BLUNT
EDWARD SNOWDEN
ALEXANDER KLAWS
AMY WINEHOUSE
KLAAS HEUFER UMLAUF
FLORIAN MAYER
MICHAELA SCHAEFER
PHILIP LAHM

O	Q	H	T	R	O	H	B	F	R	E	L	E	Z	T	D	R	W	R
D	N	E	S	C	R	E	L	A	X	P	L	Q	B	I	A	P	X	K
H	B	C	A	D	D	W	O	E	Z	P	Y	Q	T	I	J	T	V	S
V	E	E	N	N	F	E	M	E	O	Z	L	F	N	D	D	T	O	X
O	O	E	G	H	V	W	O	E	L	Y	R	B	Y	R	N	Z	H	J
N	D	P	F	I	D	M	P	K	U	P	X	Z	J	Q	N	V	D	O
E	Q	H	S	D	N	K	M	B	S	F	O	C	W	Y	R	L	H	X
P	T	D	E	N	K	S	N	M	C	T	G	E	B	F	G	T	C	V
Y	O	T	L	M	I	Q	L	I	T	N	I	Z	P	I	M	A	H	A
M	U	F	F	I	C	F	N	K	C	R	T	E	B	C	S	Q	M	E
B	E	S	V	N	A	V	R	E	A	C	H	I	S	M	X	S	G	G
I	O	I	M	D	V	W	U	W	R	Y	L	P	E	N	O	Z	H	J
G	J	N	Y	Y	G	O	F	F	N	X	V	F	H	G	E	U	B	C
W	Z	M	L	U	Y	B	A	N	M	Q	J	G	M	G	Z	J	T	B
E	S	D	H	Y	S	L	Z	S	X	I	D	N	Z	Z	B	P	A	Q
D	R	P	F	E	L	T	K	I	B	K	M	A	J	H	P	P	I	Y
V	J	A	B	Q	K	B	W	S	J	U	D	P	Z	Z	E	N	Y	W
O	L	I	S	O	S	H	A	S	Q	H	V	A	I	K	U	S	G	U
F	R	N	C	P	O	V	P	V	E	H	I	J	W	U	S	A	R	R
T	A	G	B	O	B	S	D	S	A	E	Q	N	W	H	E	N	E	G
K	K	F	F	K	A	M	W	C	Q	P	M	L	Z	Y	V	Z	N	W
W	Z	B	F	M	T	W	O	H	I	G	H	J	I	A	N	G	E	L
K	A	O	J	J	A	O	D	L	O	R	T	N	O	C	B	T	N	R
Q	U	Q	L	J	T	S	B	L	Y	T	U	N	F	G	Y	I	B	D

1984

Hits

JENSEITS VON EDEN
ONLY YOU
RELAX
BIG IN JAPAN
PEOPLE ARE PEOPLE
SEND ME AN ANGEL

SELF CONTROL
TWO TRIBES
HIGH ENERGY
REACH OUT
WHEN THE RAIN BEGINS TO FALL

D S C H W E I N S T E I G E R C G W X

E E W K Y W V B W S N E W C V U V R D

C K D R A H C I R D W E A D Q N L Q R

Q O V W C O O W I Y I Y E N D Y V C K

G K I B E A S R X S Y H A F A J J L U

W F G D V S A H S Z W A L X H O L K I

E L K O F K A M T U T Z P Y L H G G A

A L S A I B U J X Q I L P K K N Y L B

N X S V W E X B R N X X O D E N N B R

N H A N L Y K J U T A S Y V C Y F I L

H L C L Z G N F O R L I Z U D N F H B

G J E O R D D H R N T Y C R T R L V Y

V R J P V V D O L Q A O O S O O V S C

B W S E S Z F E W T C B N H P J L B S

W B G H N I W C D E B Y A E Y L O U T

U B F A A H M U N Y M F A L H H T S V

Q Q N D N Q N X U C X A D E Z S V N E

B A D K E D J A O N W C F N M O D U L

B Y G C M A H R I N E G Q E S E V N U

M N U D I H K I T T C X Z V N K W Q A

R A Y I I X C M D M S F R N A V H Z P

F I S C H E R B J V V A Q Q D I O V L

A Q J A Q M A I L L I W B P D X O S A

J O K S A C E E E E Y N X W N D T F K

22

1984

geboren:

BASTIAN SCHWEINSTEIGER

HELENE FISCHER

gestorben:

JOHNNY WEISSMUELLER

RICHARD BURTON

INDIRA GANDHI

PAUL DAHLKE

WILLIAM VOLTZ

RAY KROC

S H U X M A P Q N N J K C Y C I I W M
T A L O E L I W D B K C S O I T J F Q
M T M N Y V Q G X V J E R L O R K B W
K D H T R N Q N I W H E M Z X U Y O J
S V E Z S O C T Y B H D X T H E Z Y E
I K Z V O I C U Z I N D O Z A B D S V
C M J U T L R K H N X Y O J K A L H H
C H W Z Q G N H I W F D M I L N I O D
J S O Y O U R R C B C N O W L G W U O
S Y N Y C H E R I N I N E W Q I N T N
M T K W W A M X U G E T W E P G L A T
A N O T H E R W U M W E S B T I S Y C
A G N C P T N A W E J H E O U E O Z Y
A K C U O G U B H X X Z V B R S N E X
N S J A L P K V P O Y O I R T C H I W
C A N A M A D E U S B L L I B T A W N
N F I T Y U T I O C H E R I E Z B E T
E Z O G M P K O K G N A B E R J R H X
T F M A G D A L E N A L A M G M G W D
R C I P H F W A H I E Y U C A I P E B
A L Q L C V V E J E I A D R N T E E D
E I U Y O U R E E J W N I A B N F V O
H G J O I O H R K G W A F G L N I Y N
C U X R S P P Z C E R U O Y P L E S H

1985 Hits

THE WILD BOYS
DO THEY KNOW ITS CHRISTMAS
ONE NIGHT IN BANGKOK
SHOUT
YOURE MY HEART
YOURE MY SOUL
LIVE IS LIFE
YOU CAN WIN IF YOU WANT
NINETEEN
ROCK ME AMADEUS
WE DONT NEED ANOTHER HERO
MARIA MAGDALENA
CHERI CHERI LADY

T W C M J M S U E Q F E K N O U R M B
E S A K U E B L B O E C K P G N O O I
S G K W Q J R Z R D T C X F O I N R H
I F M A R I O N E N I A C G E C A W Z
S S Q M I I C G Y Z V E H N B O L L P
S B X T I S N R W Z J G L U F B D P L
A J V H I C O K H A C N F W F X O M E
N I P R A S H Z A G C Y L S F X A E I
O E K O B K K A U D M H S D I R P C N
K B H E D E Y P E J W T Z I S Q A A A
Z L R X L O E B I L X R W S W B R Z D
K G N K Y P L F W H D Z Q C U E Q Y F
A Q K C T X T S T V K K A R F D L S I
B O U S P W H X K W C I T A O G T L Q
R G D A X J G S H I Z P H W R A O C G
U A R K N O I K A E W T I P N I W D Y
N O H U Z G N K M H G A N M H J E T E
O R H L P Z K O I F Q P A H O O G K W
L F A E Q X G Q L D S V A E F V R C X
F W H C H R I S T I A N O U S A Y U Y
Z Q H B N Y T Z O X Z W E S P L E H P
E O J G Z V N Z N B I C T T K T U Z R
N J X L Y Y K M P V Y N R F T Y R G B
O B Z Q B I E D F X K E O P H Z S Z R

1985
geboren

LEWIS HAMILTON
ATHINA ONASSIS
CHRISTIANO
RONALDO
KEIRA KNIGHTLEY
STAN WAWRINKA

LUKAS PODOLSKI
NICO ROSBERG
MICHAEL PHELPS
MARIO GOMEZ
DANIEL KUEBLBOECK
BRUNO MARS

N	N	Y	A	C	R	X	W	C	N	Q	I	A	L	A	U	H	S	F
B	R	N	T	E	I	J	M	C	H	M	L	F	K	Y	Q	Y	Q	E
A	M	S	H	G	J	J	D	N	W	H	T	W	T	D	J	D	R	B
H	E	N	G	I	G	E	I	L	H	N	H	T	Y	M	O	A	L	Z
O	X	Z	I	T	H	C	P	Y	G	U	J	N	M	S	Y	L	J	A
L	E	Q	N	G	M	S	L	N	W	Y	O	X	I	S	M	H	K	E
I	G	O	D	K	Q	O	D	N	B	K	C	I	B	F	R	S	H	J
D	A	N	I	J	K	G	A	A	H	D	S	S	Y	P	A	B	O	F
A	R	I	M	L	Y	N	W	E	L	J	B	K	Q	D	I	R	L	F
Y	K	N	A	H	B	I	Y	J	F	N	H	T	V	V	F	O	C	B
H	O	W	O	N	C	L	S	Q	P	A	M	N	H	F	J	T	S	H
W	O	M	O	B	O	L	D	R	E	T	Q	Z	C	C	M	H	J	Z
M	E	H	W	G	M	A	W	Q	W	D	H	I	T	A	U	E	C	Q
P	Z	V	U	F	I	C	Q	A	V	J	O	V	J	F	W	R	L	Y
M	U	A	X	E	N	B	T	T	D	T	A	E	H	T	U	C	O	Q
U	B	F	O	U	G	F	J	T	T	C	R	Z	X	W	L	B	U	A
N	I	W	E	J	H	Q	N	S	M	Y	D	N	E	V	O	L	I	S
N	S	T	E	K	I	L	F	N	W	O	D	T	N	U	O	C	E	N
D	T	J	B	K	K	Y	E	H	U	M	Y	V	H	O	M	V	L	O
F	I	N	A	L	E	M	H	R	A	P	I	H	H	N	M	Z	X	S
S	X	S	I	T	N	A	L	T	A	H	A	R	D	B	R	N	E	S
O	C	N	W	E	I	H	D	B	B	W	A	W	V	H	P	U	A	E
I	Q	U	H	W	M	E	G	Y	P	T	I	A	N	D	S	R	L	L
H	N	T	S	X	Q	F	A	M	M	E	D	G	E	P	G	K	L	P

1986

Hits

JEANNY
BROTHER LOUIE
GEIL
MIDNIGHT LADY
ATLANTIS IS CALLING
LESSONS IN LOVE

HOLIDAY RAP
RAGE HARD
THE FINAL COUNTDOWN
COMING HOME
IN THE ARMY NOW
WALK LIKE AN EGYPTIAN

U	K	A	B	Y	R	Y	H	D	D	Q	Q	C	I	E	V	X	C	A
G	F	Q	L	B	J	Y	D	A	N	I	E	L	A	R	S	Y	W	L
O	E	L	H	R	R	E	D	N	A	X	E	L	A	K	R	A	Y	H
U	V	T	X	B	Z	W	M	E	E	S	Q	K	M	T	N	N	O	U
R	I	T	K	E	X	W	Z	U	E	N	Q	P	J	K	C	R	L	I
Q	R	Z	F	V	L	O	R	Y	M	O	S	R	F	R	J	L	S	K
D	K	X	L	E	O	X	Q	F	V	T	L	H	M	I	S	C	H	A
L	R	G	W	H	W	Y	T	A	I	R	L	T	W	B	C	T	P	C
J	H	A	W	X	F	P	W	R	D	A	O	O	N	T	F	O	W	L
O	K	G	C	Y	S	Z	A	Z	U	B	B	O	F	Y	R	J	C	J
H	X	A	J	D	I	F	T	H	O	V	S	G	B	F	V	N	N	W
M	M	M	F	C	A	V	F	O	X	I	Y	D	I	A	U	C	D	V
E	Y	E	K	E	M	F	F	N	Y	L	C	U	D	X	I	N	Y	Y
S	B	I	L	A	K	N	F	N	A	R	G	S	I	Y	V	H	K	O
V	R	T	R	A	G	U	Q	B	O	Q	O	I	J	B	I	T	S	O
S	M	Q	F	D	L	P	E	V	M	L	C	E	K	F	D	C	D	H
L	I	V	N	X	Y	O	A	C	O	L	Y	I	Z	Z	S	V	R	T
J	N	U	W	Q	U	N	M	P	T	U	A	D	P	D	H	Q	T	K
I	C	J	Y	F	H	K	V	A	X	E	E	D	G	O	S	A	E	K
L	Q	H	L	O	H	A	N	C	L	G	I	B	A	L	X	B	J	G
K	H	E	V	R	Q	Q	F	T	B	P	I	D	M	N	X	Y	J	W
I	P	U	T	L	L	Z	Y	A	S	D	N	I	L	N	D	N	S	F
R	E	G	R	E	B	N	E	Z	T	A	K	M	J	A	W	F	Y	H
N	G	Z	D	M	Z	W	V	C	A	R	N	X	L	O	L	B	Y	T

1986 geboren

MISCHA BARTON
LADY GAGA
ALEXANDER RYBAK
RAFAEL NADAL

SHIA LABEOUF
LINDSAY LOHAN
DANIELA KATZENBERGER

H O W U E W Y G N S X L U U D P U I B
C N L Z L E V I G P W L O T H R C O J
X A J F B J K W G U A G A I N J N V Y
E I U R A M P J L O I F F R K I O E O
B D O E T D H M P V N E I M T Y A W X
T H Y V C S X U M Q T N M A A Q K P P
B O D E E P L U D K V O A G P N M Z D
P Q O N P Q J A D U F U E F H P P A I
T O B E S A F I I S C O P H O G S T J
R I E H E N N Y R S T Y K U P K D J X
D S M W R E B E Y F E D T A O I M A F
E T O E R G V T B F V T I W K X C A W
E A S U E E I C O K Z D B S R E F D M
N Y O B N L V X Y V M J W O V C U X H
E Y V I A O U A A R Y Q L M B N K M Y
G K S E I M L B N F W B W E K A D C T
A A R C T S N W N F H I Q B J D V Y W
Y M E S I H F B A V T P D O Q S C I S
O O A T S W E X W H X P O D I V K H K
V A J I Y X Z S I I P C F Y X C O W O
K C L X L K D Y C Z F V X Z N W I R V
L X B U L C C V E N X I C S I N I W D
T U E N F E F F L J B C O N R T V G J
J C J A A P R D A U M V G U F R C T Z

1987 Hits

SHOWING OUT
REALITY
STAY
RESPECTABLE
YOURE THE VOICE
LA ISLA BONITA
IWANNA DANCE WITH SOMEBODY
ITS ASIN
VOYAGE VOYAGE
NEVER GONNA GIVE YOU UP
YOU WIN AGAIN
WHENEVER YOU NEED SOMEBODY

Z L G S O G W R J H J D N K D X C J J
I A R X T A A Y X J I Z P B D X M A L
N V Z L E T T E V T Q Q T I W M A J L
P M N V K G U D Y B O Z O O X R V O M
C A R T E R H Q A L N I A S O L H Y N
C B M N F A C G P S S F S N B X W T A
E R X I E O I T B S C U E T D C L P X
C M Q W R O V R E C X V C F W Y T Y F
F C Y O N A O M A X N S A F A E F K A
Y A R N B R K U V M C E V Z C R L J K
Y T M E F U O H N H A S O E H C R A Q
O A V M C N J M A H E B N C U F S Q T
I I R W C A D R S B Y L I C M I U X L
J F N R D L A E A X D L L O T F Q G W
V V U A U P K S E Y H P B H E D E X H
H P V F O M T T V E O S M D C T M N Y
F V J W I I O C O G Z U K E P I Z K R
T N A A A Z B R G I E V S M L Y T R V
Z R C N B B F A S K A D T V Q E M D D
R I Z F H R S J D T T D E H H H X Q M
N O R F E Y G Y Q L S U M M F H C V Z
K W Q A C Z Z P E E D L I O N E L C P
B C O L J A V K J E M F X Z R B I P O
A B W I J V Z G L X X V M R W W C O D

1987
geboren

KESHA
MARIA SCHARAPOWA
ANDY MURRAY
NOVAC DJOKOVIC
LIONEL MESSI
SEBASTIAN VETTEL
MENOWIN
FROEHLICH
ZAC EFRON
AARON CARTER

N F T X W J W O N K T H N J A Q M I S
Q J U S F U E W H Y V M R D T I I K I
O X A P I R A F O V Z D F X E U N I N
P Y O U C S U U S E L L A Q G E D M E
O D T V Y A H B Z W N Z N A Q P N W P
A G E P D G L O D V Y C G E J J B C K
O J L Y O Y K Y U N T O H D L I K E V
N Y L J B X R I N L N A E N N X M S Z
C N G E E M K C T S D D B H E A R T I
V I D U M Y L Q F M M O O I T S P E Y
K B A D O E N F I Y K S N N U J J I K
I N L R S R R I N H J C G E T R H K J
O N R Y M A L N I H T D P F G T K B P
P Z I W L D N A H E L M L R H N V U A
C Z G W Y Y A G V A U L O E J E T P S
H S A H H L P V R R C H V Y J M I V J
I Y O E J R K P N T K I E X Q O M B T
S L G N R P R A A T Y S A Y T M E O Z
M E N E Y M L J W H O K U S O I J R Q
L I A V T E N O W O K R I W B X K P W
O U T E R J Z V X I R W K E P O W K P
I I A R U E L L E A T R J F H X M Y H
H A I F E V V Y H X P X Y W K T D K S
W H H A N D R Y T F X K V T B Q N O B

1988
Hits

WHENEVER YOU NEED SOMEBODY
ALWAYS ON MY MIND
MY LOVE IS ATANGO
TELL IT TO MY HEART
ISHOULD BE SO LUCKY

HEART
ELLA ELLE LA
THE TWIST
GIRL YOU KNOW ITS TRUE
HAND IN HAND
ONE MOMENT IN TIME
DONT WORRY BE HAPPY

Z	X	S	F	E	H	X	C	N	Z	Z	R	U	F	F	C	B	A	B
M	D	M	W	M	Y	A	H	H	U	J	N	K	F	Y	A	W	Q	Y
Y	V	S	C	B	N	G	Q	B	U	L	M	A	H	L	K	N	K	Y
O	O		F	X	O	A	F	L	L	I	A	P	U	A	J	S	Y	N
M	A	C	E	E	T	N	I	O	M	G	M	P	H	Y	H	I	L	A
L	P	P	R	M	F	A	B	D	J	A	N	L	I	Z	E	O	P	N
B	W	G	O	F	O	R	C	L	T	P	P	R	B	M	R	Y	T	G
W	E	B	R	F	E	R	H	S	U	M	R	X	O	E	B	S	B	E
S	E	O	Y	C	Z	M	E	H	G	L	B	S	L	F	K	X	L	L
V	I	D	H	W	A	Z	E	J	P	O	L	F	C	E	Y	J	R	I
V	N	T	P	U	Z	N	J	S	N	M	E	T	R	E	L	X	E	Q
R	A	D	L	T	H	I	E	G	U	L	W	B	G	F	G	O	G	U
I	L	G	N	D	V	F	H	L	I	T	E	X	Q	J	X	Q	N	E
H	E	D	J	L	F	Y	U	X	M	R	K	T	S	F	E	A	I	Y
A	M	Y	Q	S	F	J	Q	R	J	N	M	L	L	B	D	C	S	M
N	N	R	Y	Z	O	H	B	C	E	N	E	N	U	E	H	Q	E	L
N	L	X	L	N	C	H	I	Y	W	M	U	D	L	D	U	C	I	L
A	G	E	R	C	K	E	O	M	M	B	X	E	R	V	Y	M	G	W
R	E	L	L	E	U	M	E	U	H	A	F	B	W	P	O	O	O	W
F	S	P	L	H	H	R	H	I	M	O	M	S	O	F	V	X	Z	O
W	Y	H	B	X	N	B	Q	A	I	M	D	B	M	P	N	Q	W	G
S	T	K	W	B	U	H	C	R	B	H	H	A	Q	P	L	E	F	I
P	R	W	S	H	O	Y	V	N	A	V	T	L	E	W	V	S	U	V
X	R	H	V	Z	G	O	A	T	E	N	G	X	L	V	J	H	X	I

1988
geboren

ANGELIQUE KERBER
RIHANNA
LENA GERCKE
ADELE
MELANIE MUELLER
JEROME BOATENG

MAX GIESINGER
MESUT OEZIL
JULIA GOERGES
MATS HUMMELS
FELIX LOBRECHT

P	L	T	I	M	E	Q	S	X	G	Y	G	G	J	C	A	F	A	Z
E	F	J	J	O	D	B	G	Y	I	Z	N	V	E	O	M	E	N	L
O	R	U	N	A	S	H	F	I	T	X	H	K	G	B	V	I	H	T
I	Q	H	S	M	Z	B	S	T	C	T	I	S	G	O	J	F	C	T
I	Y	K	H	O	N	S	Q	A	D	L	W	Q	A	Q	T	G	X	B
M	H	N	F	I	R	S	T	E	A	I	N	T	U	A	N	T	A	T
R	V	T	V	V	O	P	K	D	N	B	W	K	I	I	C	O	E	E
O	G	Q	E	Y	G	H	A	G	O	Y	K	K	K	P	S	C	S	N
F	C	U	E	M	Y	B	F	F	D	A	A	O	Q	C	J	Z	O	O
Q	L	P	Y	L	M	T	A	B	O	Z	O	R	C	J	Q	V	A	V
X	D	F	A	A	I	O	I	S	O	L	D	X	U	I	L	I	O	W
I	L	R	L	U	A	H	I	G	M	P	P	P	V	E	B	J	Y	I
U	G	D	M	H	L	B	N	N	N	Y	R	M	R	Q	Y	I	O	P
R	E	H	T	O	N	A	I	I	F	F	I	Q	M	Q	V	Y	R	K
K	A	P	R	A	Y	E	R	H	O	L	E	H	T	M	V	A	W	N
X	A	C	H	E	A	R	T	T	F	M	K	Q	C	K	B	D	M	L
W	Q	D	R	D	O	C	P	E	C	G	C	Y	V	C	O	N	X	U
F	A	Q	G	C	I	A	H	M	U	K	R	W	E	A	D	O	N	I
N	H	S	T	N	R	I	O	O	A	F	T	Q	B	C	M	N	L	V
W	S	J	N	A	F	Q	L	S	U	J	Y	H	D	S	K	V	K	T
F	I	P	D	N	N	C	D	F	I	Q	M	F	U	O	U	B	R	H
E	R	I	I	Q	T	F	E	H	F	G	G	R	Y	Y	X	K	U	E
K	S	M	O	D	E	E	R	F	O	S	S	P	U	M	Y	Q	A	M
E	F	T	N	B	P	V	P	C	N	V	X	P	K	B	I	W	X	T

1989
Hits

FIRST TIME
SOMETHINGS
GOTTEN HOLD OF
MY HEART
LOOKING FOR
FREEDOM

THE LOOK
DAS OMEN
SWING THE MOOD
LAMBADA
ANOTHER DAY IN
PARADISE
LIKE APRAYER

Q	U	B	T	K	M	X	F	V	W	E	Y	V	H	L	U	N	P	R
D	A	N	I	E	L	A	I	Q	S	T	N	N	R	T	D	N	U	C
A	H	O	X	D	C	H	D	A	Z	M	Z	Y	C	A	R	A	D	R
M	C	S	T	U	K	J	H	K	D	G	E	M	D	H	H	M	L	K
R	O	P	A	G	Q	W	C	Q	Y	S	C	J	F	V	O	Z	M	U
A	V	M	L	A	S	S	T	E	F	A	N	I	E	G	X	N	O	R
D	F	K	L	R	D	O	P	N	R	R	K	I	E	G	P	I	C	O
C	G	S	A	N	R	K	H	O	A	J	S	W	F	L	K	E	K	E
L	F	A	M	X	G	O	S	Y	D	O	E	R	V	O	J	H	R	K
I	W	T	O	Y	T	K	X	A	R	E	I	O	I	T	E	Y	I	U
F	S	T	H	S	Z	J	I	F	U	W	D	L	G	W	M	X	D	L
F	V	I	T	Z	L	H	I	L	K	O	J	Y	Y	G	B	Y	G	H
E	O	N	D	F	P	Z	J	F	X	R	C	A	O	C	L	I	E	R
W	A	E	J	O	Q	A	Q	G	T	T	A	T	F	P	X	O	S	K
J	U	W	S	V	C	B	J	L	E	X	O	T	N	N	T	U	X	Y
K	A	F	X	G	N	N	U	X	D	Z	J	M	Q	Y	N	O	I	L
B	L	Z	T	L	Y	O	Z	N	T	X	Q	Q	L	Q	E	K	P	G
Q	Q	L	X	V	V	O	S	I	W	C	Y	B	W	E	S	T	J	D
Q	F	O	I	N	J	V	L	I	E	Y	U	T	F	I	W	S	M	R
T	P	N	O	B	G	U	Z	R	B	L	K	A	U	L	I	T	Z	F
A	T	X	H	Y	A	O	C	K	P	A	G	D	K	A	T	H	F	C
O	B	K	M	K	C	O	F	L	P	B	D	L	E	O	A	V	N	R
B	S	Q	H	Y	C	F	B	L	A	I	O	Y	P	H	H	G	U	G
R	U	Y	A	C	U	G	L	Z	C	J	A	U	L	Z	X	C	Q	G

1989

geboren

STEFANIE HEINZMANN
LUKE MOCKRIDGE
DANIEL RADCLIFFE
BILL KAULITZ
TOM KAULITZ
SOPHIA THOMALLA
TAYLOR SWIFT

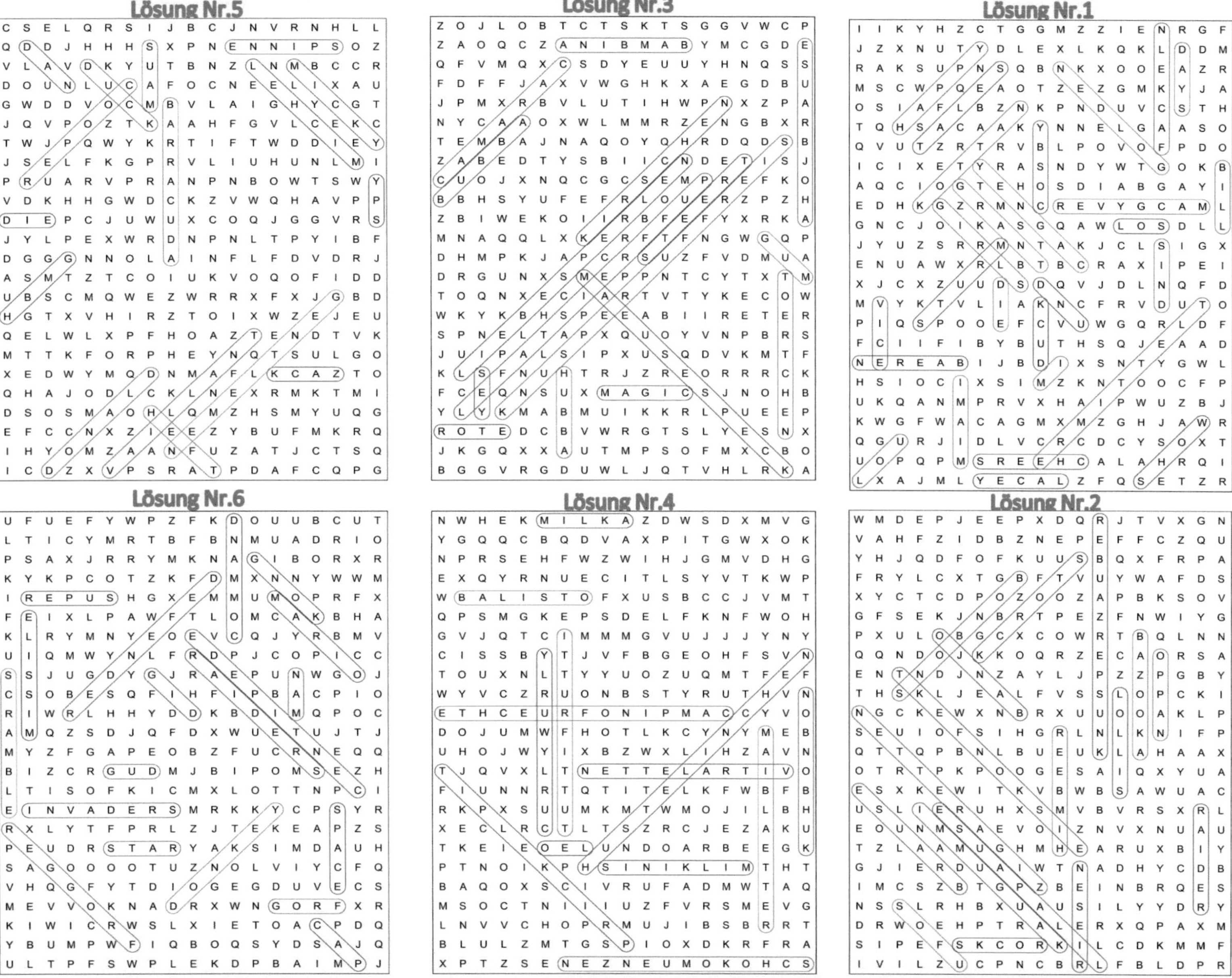
Lösung Nr.5
Lösung Nr.3
Lösung Nr.1
Lösung Nr.6
Lösung Nr.4
Lösung Nr.2

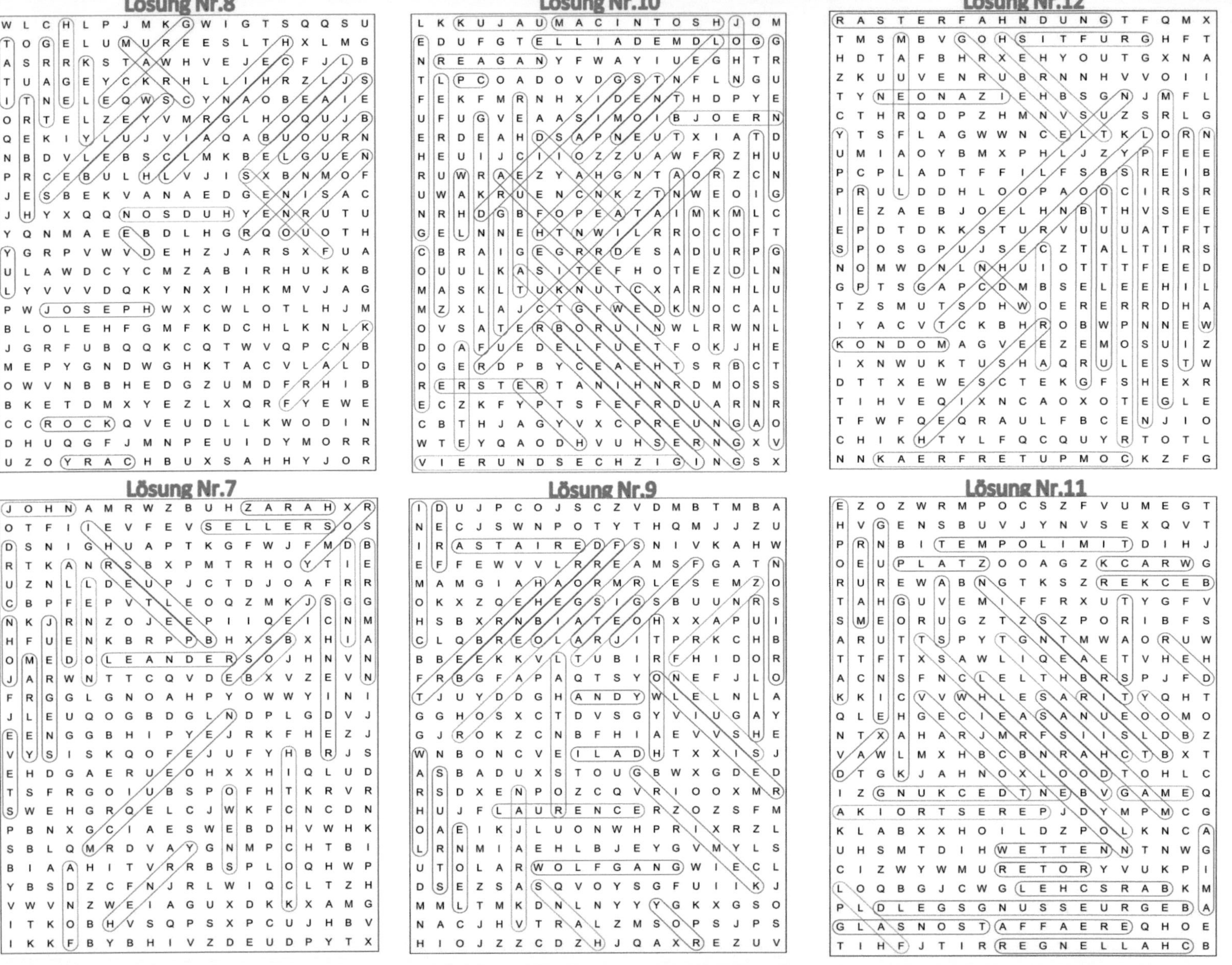

Lösung Nr.8
Lösung Nr.10
Lösung Nr.12
Lösung Nr.7
Lösung Nr.9
Lösung Nr.11

Lösung Nr.17
Lösung Nr.15
Lösung Nr.13
Lösung Nr.18
Lösung Nr.16
Lösung Nr.14

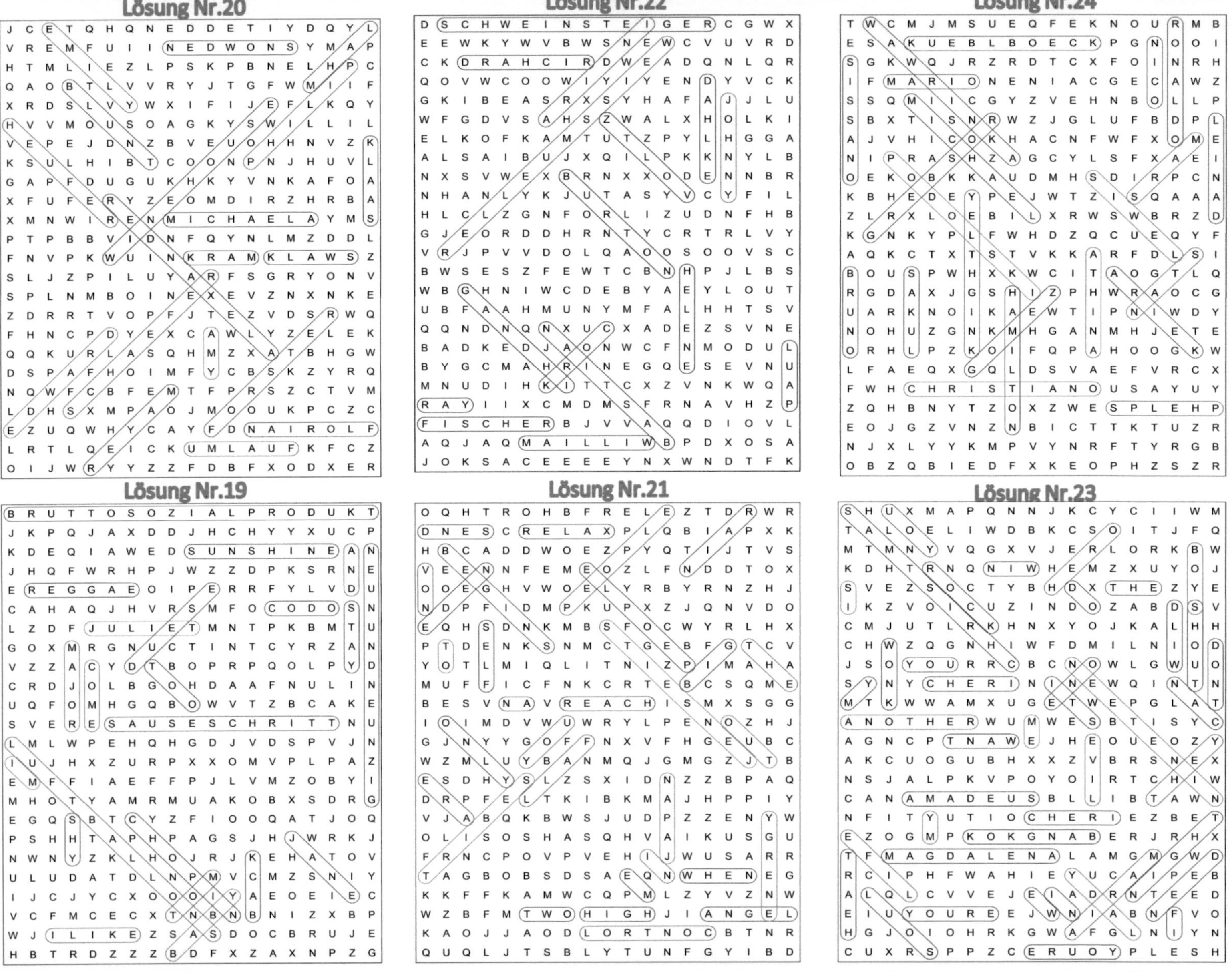
Lösung Nr.20
Lösung Nr.22
Lösung Nr.24
Lösung Nr.19
Lösung Nr.21
Lösung Nr.23

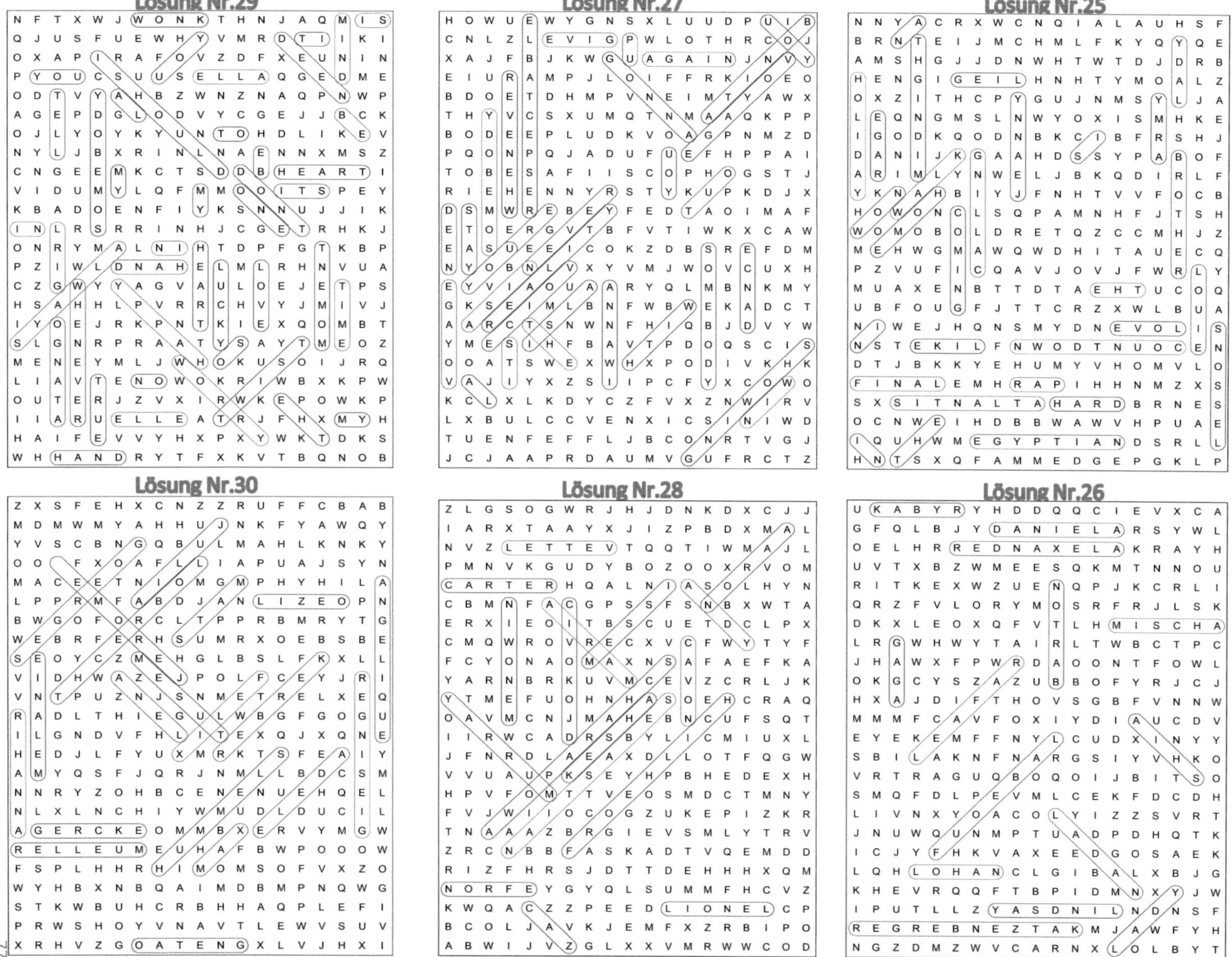
Lösung Nr.29
Lösung Nr.27
Lösung Nr.25
Lösung Nr.30
Lösung Nr.28
Lösung Nr.26

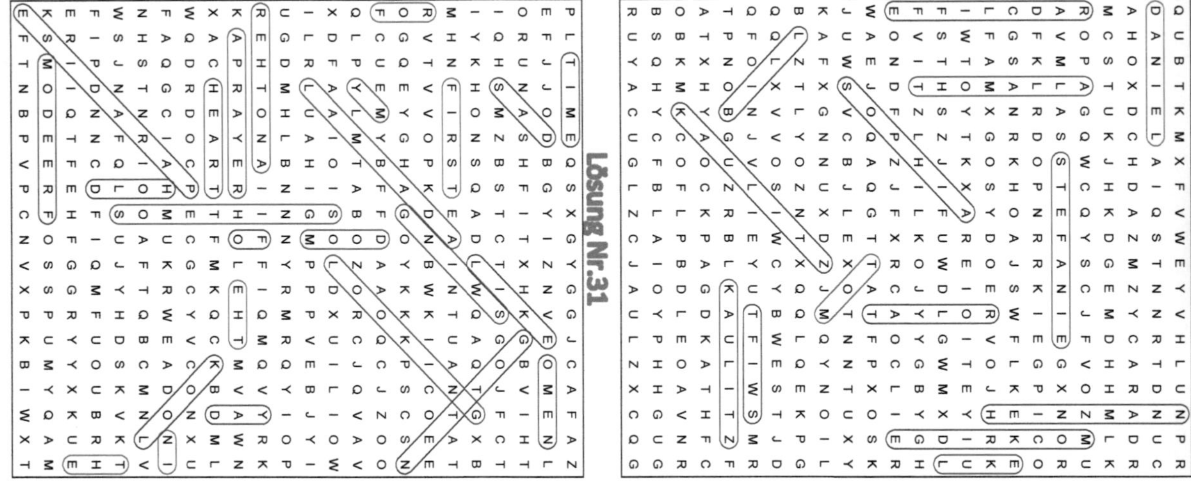

DAS

80iger Jahre Retrospaß

WORTSUCHRÄTSEL BUCH

H	P	Q	Q	H	Y	U	Y	X	H	H	A	D	S	D	A	L	N	X
E	D	B	E	R	R	Y	B	V	O	L	O	L	L	Y	I	N	T	E
Q	A	M	S	P	V	F	W	Y	K	M	U	C	L	R	D	J	C	T
Y	F	G	K	R	S	Z	F	H	I	O	O	M	P	A	W	C	E	D
X	I	S	P	L	I	T	F	N	A	N	H	A	Q	P	B	U	W	S
Z	H	E	R	B	H	E	O	Q	R	P	C	R	T	G	Z	M	C	F
O	V	W	J	B	O	P	S	G	V	E	P	R	G	X	S	H	B	L
F	G	B	S	S	S	F	J	E	C	P	G	E	N	V	L	D	F	J
U	H	G	A	F	P	B	L	M	N	D	T	E	N	E	O	R	R	W
J	T	R	L	C	C	F	A	U	W	X	O	H	C	N	A	T	R	L
I	M	F	B	J	C	W	F	E	T	K	T	K	M	Y	A	Q	Z	Z
S	F	J	B	W	I	Z	V	W	R	S	M	G	A	Q	D	L	U	F
Z	R	V	R	Q	K	L	L	G	F	V	C	R	T	A	R	V	O	U
Q	K	C	A	V	A	V	V	H	R	M	D	H	F	Q	O	U	H	C
L	Q	L	U	B	N	E	K	E	W	R	A	S	F	J	U	N	U	A
J	X	Y	N	I	H	L	Y	N	K	D	M	D	L	I	W	Y	F	S
Y	J	A	E	O	I	T	T	E	Q	W	N	O	O	A	N	O	S	I
Z	U	W	R	M	V	Y	K	M	A	B	R	L	P	T	D	G	S	D
F	M	B	I	U	Y	T	F	S	E	K	W	O	P	I	W	F	E	T
L	A	N	G	N	E	S	E	G	L	D	T	M	I	O	J	U	X	R
L	I	A	Y	K	N	C	D	P	K	E	K	I	L	E	S	F	S	U
M	L	I	L	I	T	M	J	Z	E	T	J	T	A	G	F	Y	X	X
P	O	X	U	S	E	T	Z	C	F	I	M	I	C	E	Z	V	D	T
K	F	H	X	K	B	P	F	O	H	A	B	S	I	L	I	E	F	C

ED VON SCHLECK
BRAUNER BAER
DOLOMITI
LANGNESE
RIESEN HAPPEN
FLUTSCHFINGER
MINIMILK

BALLA
DOMINO
CALIPPO COLA
CAPRI
BERRY
SPLIT

U	P	U	S	V	A	E	L	Z	U	K	L	E	I	N	E	R	A	L
D	E	W	O	M	K	C	K	B	R	L	X	H	Q	V	R	K	U	H
T	I	R	Z	G	M	G	U	G	Q	E	N	E	N	F	E	B	M	O
I	F	E	O	V	O	I	Z	U	D	J	T	F	S	R	T	B	A	E
I	N	S	E	L	R	W	K	K	N	W	L	A	Y	S	S	S	U	H
L	X	V	R	A	X	F	W	E	U	B	O	Q	K	Q	I	B	L	L
K	J	R	F	Y	J	L	I	Y	S	G	E	V	A	I	K	G	W	E
X	A	W	C	O	E	C	R	W	I	C	H	U	L	Z	N	Y	U	N
P	C	H	N	R	T	R	L	J	U	Y	H	D	G	B	E	R	R	K
N	K	X	C	R	S	M	G	B	J	X	O	A	I	D	T	R	F	I
I	G	U	I	I	O	C	F	Z	T	L	T	G	X	E	T	E	E	N
N	Y	A	D	K	N	B	S	D	U	N	V	A	I	Y	O	J	I	D
S	V	W	L	N	S	R	L	G	A	D	G	E	T	Z	M	H	D	E
P	E	R	R	A	K	X	C	O	Z	R	H	N	C	P	A	C	H	R
E	R	D	X	V	C	N	T	O	H	P	X	X	C	W	L	W	A	Y
C	M	C	N	F	B	T	F	R	V	G	M	V	K	I	K	V	G	C
T	O	K	O	D	Q	D	I	T	G	G	L	O	H	Q	A	C	Z	B
O	B	E	A	V	T	P	D	C	V	Q	P	I	P	M	C	D	P	C
R	N	L	G	D	P	U	B	O	A	M	W	Q	P	P	M	E	H	G
K	K	L	E	I	N	E	R	U	K	D	V	I	C	T	Q	O	P	E
M	J	S	K	A	Q	G	A	K	P	A	R	W	D	V	W	S	T	X
W	G	L	Q	K	R	R	Y	C	Z	Z	Z	X	I	S	S	C	A	A
G	H	T	Q	Q	T	R	S	F	R	Z	M	W	P	M	W	R	R	T
Y	X	U	C	N	A	F	Z	Y	V	D	N	F	V	Q	T	N	I	O

2

1980iger Fernsehen

HAWK
MC GYVER
DIE HOEHLENKINDER
DIE INSEL
INSPECTOR GADGET
JACK HOLBORN
DIE JETSONS
GALACTICA
KATER MIKESCH
KIRROYAL
KLAMOTTENKISTE
TOM UND JERRY
KLEINER MAULWURF
KLEINER VAMPIR

M	I	L	I	N	D	E	N	S	T	R	A	S	S	E	B	N	H	N
Q	M	G	A	M	Q	V	Z	W	M	E	W	W	I	O	C	G	X	I
T	F	G	I	P	Q	M	Q	H	A	D	O	J	D	A	W	C	Z	E
I	C	A	R	L	B	A	D	Q	N	F	R	U	J	W	Y	T	Q	T
P	M	K	W	Y	P	G	X	E	N	O	M	A	R	P	L	E	K	N
I	O	V	O	H	O	N	N	E	A	K	I	A	Q	D	O	K	O	V
I	T	T	L	N	M	U	H	B	F	Z	H	G	G	H	L	G	M	H
V	L	S	F	T	Z	M	I	S	A	C	Y	R	F	O	X	A	O	C
X	M	O	U	Y	T	L	P	C	A	B	H	J	U	W	F	X	E	Y
E	L	G	Z	K	D	M	O	N	J	M	O	M	F	F	K	A	D	K
X	L	E	V	X	E	X	L	E	K	A	I	S	P	E	O	H	I	M
D	T	E	I	E	Q	R	S	U	W	A	P	V	Z	K	O	K	E	R
U	C	B	Y	Y	M	A	E	T	A	E	U	F	U	T	M	T	N	S
L	W	L	L	B	H	Q	N	Z	C	R	N	C	E	M	Q	D	S	K
V	G	I	N	N	Y	A	M	G	V	O	Y	Z	O	Y	Y	H	T	R
E	X	L	O	T	B	O	M	Q	R	D	N	W	A	E	T	L	A	T
H	H	N	I	V	I	J	I	Y	B	D	J	L	G	H	T	Z	D	L
J	D	L	T	Z	K	G	U	D	B	W	N	W	O	X	N	L	E	E
N	Q	O	A	C	I	W	S	K	Z	U	D	A	T	X	S	S	L	T
V	H	A	N	E	I	S	V	W	L	N	G	P	T	N	V	A	J	T
Y	I	L	U	D	I	S	Z	T	H	X	U	U	E	T	A	U	H	I
T	M	I	B	M	H	H	K	H	V	D	Z	C	V	J	O	R	G	M
H	Z	E	W	U	G	O	R	I	L	I	I	E	Q	E	O	K	G	R
S	Y	N	D	N	K	X	C	E	Z	V	Z	R	M	E	Z	R	N	E

KOMOEDIENSTADEL
KOTTAN ERMITTELT
LINDENSTRASSE
LOU GRANT
LOEWENZAHN
MAGNUM
MASH
MIAMI VICE
MISS MARPLE
AIRWOLF
ALIEN NATION
DER ALTE
ANNA
ATEAM

F	I	R	R	K	C	M	M	F	J	C	U	D	W	P	F	A	I	F
G	Z	P	N	Y	M	A	H	N	Z	R	P	E	S	O	R	M	R	I
W	D	B	D	B	C	J	P	T	Z	E	V	R	L	X	Q	M	O	O
H	O	L	R	S	V	Q	D	R	D	V	X	R	Q	R	H	M	Q	V
O	C	J	O	O	G	U	Q	V	X	N	N	I	H	S	T	D	H	J
Z	T	J	F	C	D	N	I	S	S	E	P	C	L	C	O	T	C	L
O	O	J	K	R	U	J	T	X	O	D	F	K	I	Q	F	F	A	L
V	R	Q	C	S	H	O	W	N	L	K	X	T	J	Y	G	N	O	I
R	D	B	O	X	J	W	J	A	R	S	Y	A	B	D	T	S	M	B
G	D	Z	R	R	G	N	W	I	H	H	Y	N	A	L	C	H	Z	S
D	B	A	E	R	E	N	B	Q	U	Q	W	A	C	S	P	O	R	J
S	G	L	Y	S	S	O	J	N	F	D	Y	Q	J	W	H	W	D	Q
W	P	Y	P	V	D	U	T	U	I	D	I	E	J	B	C	B	H	N
X	N	P	L	M	D	E	N	D	H	U	L	C	C	H	E	E	R	S
F	Q	L	V	X	R	Z	I	N	B	D	P	K	C	U	J	N	M	P
S	Q	A	I	D	I	M	S	O	B	M	U	L	O	C	U	D	E	O
N	M	C	T	N	B	T	N	D	V	C	Z	I	K	S	J	K	Y	J
V	R	E	K	U	Y	Y	V	M	M	T	E	E	L	B	C	Z	C	S
E	O	Y	E	C	I	C	Y	Y	Q	L	H	Y	L	L	Y	X	J	K
B	G	K	T	Z	F	U	S	D	G	B	R	E	S	Y	L	N	X	Y
U	E	C	E	D	Y	C	C	S	T	N	K	N	J	W	W	U	J	I
C	R	U	D	C	T	H	R	R	U	W	T	G	M	R	W	J	Y	F
K	S	H	P	I	Q	I	P	H	W	K	U	A	V	N	A	M	S	A
S	H	C	S	U	B	M	O	R	D	O	N	C	G	S	B	M	B	R

1980iger Fernsehen

DIE BAEREN SIND LOS
BILL COSBY SHOW
BUCK ROGERS
CAGNEY UND LACEY
CHEERS
CITYHUNTER
COLUMBO
DENVER CLAN
DERRICK
DETEKTIV
ROCKFORD
DIDI SHOW
DROMBUSCHS
DOCTOR WHO

I	N	Q	P	R	E	I	S	B	A	G	K	Q	Y	I	J	K	D	M
I	K	S	N	A	M	I	H	C	S	B	P	H	U	D	I	E	L	Z
V	U	Z	U	V	L	Q	E	Q	O	T	C	O	K	S	Z	I	X	I
R	D	M	X	Y	C	W	E	J	Z	A	V	C	T	V	F	N	W	A
G	A	F	E	Z	G	I	U	O	N	E	L	Y	H	R	S	M	F	A
H	F	W	O	L	B	M	Y	B	G	N	J	F	Z	G	V	A	N	H
P	C	Y	Y	R	V	D	G	E	T	O	E	I	N	S	I	L	E	W
O	H	G	B	C	M	R	A	M	F	Z	I	M	S	J	Z	T	M	T
Z	C	I	K	E	I	E	P	L	T	E	D	G	C	C	N	U	V	J
W	E	Y	S	L	B	U	L	S	L	Q	P	O	E	N	A	A	P	K
X	C	V	L	H	M	U	C	S	A	A	A	M	C	B	T	L	C	U
O	A	O	M	I	K	E	Z	I	K	W	S	E	S	K	J	T	J	S
F	C	M	V	N	X	F	F	D	B	I	O	M	B	S	I	E	O	E
G	D	N	B	M	E	X	Y	D	H	I	I	S	A	Q	I	S	P	S
U	L	I	N	E	V	M	M	P	V	F	E	E	A	C	F	E	Y	A
A	E	D	D	Y	G	R	A	C	P	A	Y	D	R	N	X	C	H	X
B	I	H	E	B	T	K	E	D	V	G	G	E	G	D	X	O	X	X
P	F	M	N	Q	Y	P	X	X	L	D	X	R	E	L	R	S	M	Q
K	R	Y	V	W	K	L	T	N	C	H	M	U	H	I	L	T	A	U
V	A	W	E	T	A	D	S	G	N	I	D	T	A	K	K	O	D	G
W	G	Z	R	R	F	C	L	V	A	B	X	F	Q	L	T	S	B	A
K	H	G	E	A	A	Y	C	G	D	E	R	R	I	C	K	H	B	G
Z	Y	D	M	O	X	K	G	Q	D	Y	F	Q	C	L	A	N	B	Y
N	W	E	K	F	P	Y	V	H	S	F	Z	O	N	B	O	B	O	Q

DENVER CLAN
FAME
GARFIELD
NASOWAS
DER PREIS IST HEISS
DINGSDA
FORMEL EINS

DALLAS
ES WAR EINMAL
ALF
DREI DAMEN VOM GRILL
DER ALTE
DERRICK
SCHIMANSKI

Z R B B E N I E L K P C G T R L M Q V
L E F L E W Y M T T E Q E O W E K M J
W H G I R A H R D M U L N N Z N A X D
B L N P E L Q A S I E C B L P N E I F
S F Y U S T J F N S A A K D X A E V G
G V D M N E A C K L Y A E Z N A R F U
J T U U U N Y I L R F D J Z U J B N X
Z E M C Z S X I J Y Q D X I H V D M V
D G V K M V S D Q Z R V U C D J V Q U
E S D L O O J K X C I Z R O V W Z T E
W M T M R S R E T L O J V E E A H C M
N J K K K A Z K W U P M O T S Q M W R
C N E T A R I P D N A R T S H O G U N
S L E D G E H A M M E R I J M C O L V
U R L B J J C H H S P V K U L Q O O L
L R A P P E L K I S T E H E I O C U H
S T Z L X S S R J N S O L K G M A O L
P E Y N O L R T C I B A C W W O N R N
X S J U T D B Q H J Z L L Z Q F O K R
A G B Q X Q S Y Y C N S K I N R M Z G
M Z H F O Q L D E J T X E H S C R D T
U L F Q F W S M W S U Z Y F U T R L Z
P W H P A O S V A F I I P P Z B B M Z
X Z K C R B U P S M M K B I X G E D G

1980iger Fernsehen

PUMUCKL
MONACO FRANZE
MORK VOM ORK
QUINCY
RAPPELKISTE
RONCALLI
SHOGUN

SILAS
SLEDGEHAMMER
SOAP
STRANDPIRATEN
TELESKI
UNSERE KLEINE FARM
DIE WALTENS

L	N	I	B	L	M	S	J	W	M	U	S	I	K	L	A	D	E	N
T	N	Q	C	V	N	X	S	B	J	P	P	D	S	O	H	X	D	X
Z	E	R	H	J	E	J	Z	T	X	F	I	C	W	Q	J	T	E	F
U	V	C	C	E	Z	M	C	H	W	K	Y	T	O	I	P	E	R	T
A	Q	P	A	E	N	H	F	K	C	S	E	L	L	A	W	S	J	E
Q	V	S	Q	Y	E	B	H	U	Z	I	L	L	A	D	G	Q	X	Y
U	D	P	O	A	R	R	Z	E	A	Q	S	O	L	K	A	X	O	M
S	P	I	E	L	G	B	A	N	A	N	A	S	R	E	K	J	V	J
T	W	G	V	N	T	H	H	N	Q	Q	V	U	D	N	J	W	N	G
C	W	S	L	L	P	D	I	E	R	X	C	V	D	G	K	H	D	V
S	V	D	M	I	S	T	U	N	C	K	X	Q	F	A	T	A	C	D
L	F	H	S	T	I	K	A	U	R	Y	S	M	H	P	R	F	U	I
Q	V	D	E	Q	J	J	R	Y	H	T	G	M	Y	S	C	W	G	Q
Z	K	O	V	I	P	M	O	O	J	E	X	G	K	A	M	W	P	H
K	B	L	O	R	S	L	C	J	H	M	N	C	R	Z	J	A	S	E
R	Y	J	E	D	U	S	C	T	S	R	E	M	A	C	L	T	Y	R
D	B	I	T	N	N	J	S	W	F	U	R	U	Z	L	H	O	R	Z
O	S	Y	X	T	H	A	U	J	L	R	P	J	S	C	D	Y	B	B
R	R	V	W	M	M	O	R	G	G	E	P	Y	I	A	W	V	D	L
J	U	T	O	V	D	W	J	H	H	D	X	N	L	L	Y	A	W	A
G	C	Q	W	S	E	S	S	I	G	O	T	L	G	U	A	Z	S	T
Z	G	L	F	X	N	V	Z	Q	A	E	I	M	B	M	Q	S	N	T
R	R	U	P	O	X	R	L	T	X	W	P	A	J	W	F	O	V	L
B	Z	Y	N	E	H	C	P	P	I	L	R	E	N	N	O	D	A	E

RUCK ZUCK
HERZBLATT
GLUECKSRAD
DALLI DALLI
DONNERLIPPCHEN
SPIEL OHNE GRENZEN
DER PREIS IST HEISS
ALLES ODER NICHTS
SO ISSES
AUF LOS GEHTS LOS
WAS BIN ICH
BANANAS
MUSIKLADEN
PIT

Q	X	P	B	S	O	D	H	T	Z	B	G	E	S	P	E	N	S	T
I	D	N	I	Z	A	Q	I	P	A	W	M	Z	A	E	J	T	W	H
W	M	E	D	A	S	K	U	E	E	Q	K	J	S	L	V	I	C	G
S	U	U	D	H	D	M	W	K	N	R	Q	D	K	I	W	Z	S	P
E	O	J	I	X	B	A	N	D	A	U	K	J	O	D	P	L	A	Z
N	Q	O	R	S	Q	V	U	M	R	G	M	M	K	O	T	F	D	A
D	V	M	W	F	P	T	E	M	B	Y	O	V	M	K	P	M	T	U
A	Z	H	V	R	Z	R	E	W	Y	M	J	Q	A	O	S	K	B	B
S	H	H	H	E	O	L	S	C	E	J	F	S	K	R	S	H	L	E
J	O	C	W	U	R	B	V	N	S	O	I	Z	S	K	Z	F	G	R
V	Q	U	B	N	A	Q	N	A	B	H	T	N	C	T	K	W	C	B
H	R	B	K	D	R	X	D	B	O	O	N	R	A	D	R	B	Y	A
I	U	Y	R	E	L	A	H	T	R	P	A	H	G	A	A	C	W	U
I	T	I	M	M	K	C	Z	T	A	E	G	V	P	T	M	P	N	M
L	H	Q	B	L	M	E	M	R	U	P	G	H	B	S	E	B	Z	M
Z	W	T	E	S	N	F	F	B	K	V	H	Q	T	R	R	M	Q	J
A	C	I	W	P	U	U	E	U	D	R	O	T	E	O	T	I	A	P
S	N	C	L	E	M	R	W	F	B	E	G	M	N	V	U	X	E	M
E	N	O	N	R	L	C	B	V	G	X	M	E	I	A	I	N	N	D
R	T	F	H	Z	D	E	N	U	S	V	E	W	G	B	H	N	H	J
Z	R	E	D	M	K	B	G	U	K	E	O	K	J	E	Q	R	F	Q
S	Z	O	R	B	V	W	A	Y	B	N	H	G	Z	J	N	A	I	B
A	D	K	M	K	N	E	A	O	T	T	O	W	U	I	D	A	S	R
X	S	U	A	H	R	E	T	S	I	E	G	E	L	B	C	M	J	X

Bücher

DAS KLEINE GESPENST
DER TROTZKOPF
RAEUBER HOTZENPLOTZ
VORSTADTKROKODILE
FUENF FREUNDE
DAS BUCH OTTO
ZAUBERBAUM
MOMO
DAS URMEL AUS DEM EIS
DAS GEISTERHAUS
TIMM THALER
KRAMER GEGEN KRAMER
DIE ROTE ZORA
DAS PARFUM

Q	R	H	A	L	F	G	A	B	D	I	R	O	W	J	D	N	U	O
T	I	H	O	T	H	O	Z	I	O	A	K	I	G	S	E	U	X	I
X	A	O	C	N	Z	M	E	L	Q	F	Y	V	S	S	X	Q	H	F
Z	L	A	P	C	Q	I	I	H	H	P	G	G	N	M	E	Z	Q	R
O	C	L	W	U	Q	T	W	T	Z	E	S	A	W	I	H	F	Z	A
Y	N	W	C	T	E	L	R	C	O	R	D	H	B	P	E	H	I	G
D	I	G	U	N	N	A	H	G	U	R	K	I	W	P	Q	U	T	E
C	S	S	N	I	L	T	K	C	N	Y	M	V	E	U	F	I	N	Z
O	F	E	N	P	Y	K	F	R	D	N	O	K	C	R	C	L	O	E
M	R	T	O	A	T	T	X	W	N	A	V	Y	M	T	R	R	L	I
M	D	B	D	Z	P	B	F	H	W	X	F	D	H	S	P	I	D	C
A	T	H	R	E	P	P	O	K	C	S	A	D	F	B	F	L	S	H
N	O	S	O	N	H	J	J	V	V	Z	K	N	H	I	Y	H	N	E
D	N	A	G	I	T	A	F	X	R	E	L	U	A	F	E	F	B	N
E	O	L	E	H	Z	D	N	I	I	R	E	L	D	D	V	V	U	Q
R	T	F	B	C	O	W	B	N	Q	P	I	Q	Y	R	O	F	H	M
G	Y	O	P	S	T	A	H	T	I	L	N	V	C	K	E	H	P	Y
M	L	A	E	A	N	N	H	I	U	M	E	V	E	S	B	I	R	E
S	B	B	R	M	N	B	N	T	L	C	C	P	T	I	R	E	M	U
P	E	Y	K	T	Y	A	D	P	Q	P	N	Q	V	U	Q	M	Y	S
K	V	M	I	I	J	J	N	V	D	Z	K	S	B	U	B	V	M	M
I	V	W	N	E	I	Z	C	N	D	I	N	E	C	W	E	A	I	Q
C	J	E	S	Z	T	F	O	C	I	B	T	H	H	F	S	L	W	K
W	H	Q	W	A	I	R	C	U	U	B	G	E	I	B	Y	V	H	M

Hörspiele

DIE KLEINE HEXE
HANNI UND NANNI
JAN TENNER
DREI FRAGEZEICHEN
ENID BLYTON
DAS SAMS
TKKG
PERRY RHODAN
COMMANDER PERKINS
DIE ZEITMASCHINE
HUI BUH
FLASH GORDON
JOHN SINCLAIR
TIM UND STRUPPI

M X H R A X H X J M S U O X R I D G R
G Y Q N Y K D U J I Q P I D G S G B E
R I P X J N E R S C E W U I Y S R D K
A X S G Y R K E T H F S V Q C A A L C
Q U A K G T L G E A N M D S X G F A E
C S Q E H R I G F E R S X X Z A W R B
C O N O J J N I F L C T L R F N B A X
Z Y M B W A S N I L K I A N K E I H R
Y A B X T M M E R D P C E R D N A E I
S H O E G I A M V I T H R M N H S X H
N L R O O Y N M Q Y D D O U M W L Q R
R I I J E W N U O R Z K C I D U T B A
D X S K A R L R R W J W C D X I D A C
Y C H H I N G S E N I H B Q Z P G O V
R H A K G E T Q E C A R L Q I U S O T
X G E I F G S M Y E E G D W A M E P F
F B S C K N I F L I P D T K R L V A I
O U S Y F O L E T M H A H I L E X U T
U I L Q C J S N M N E G R E U J B L J
W V E B E Q E E T H M D R A M P V U O
J Q R V F R Q M Q A T M F F I X Q J H
S C H U M A C H E R H L G I G S Z S V
B I P Z F Z D K N Z L V V L V L Z U K
B R G R O S S R F T R P M J W U F Z P

Sportstars

BORIS BECKER
MICHAEL STICH
STEFFI GRAF
ANKE HUBER
ANDRE AGASSI
MICHAEL GROSS
JUERGEN HINGSEN

KARL HEINZ
RUMMENIGGE
PAUL BREITNER
RUDI VOELLER
HARALD SCHUMACHER
JUERGEN KLINSMANN
THOMAS HAESSLER

E	T	T	E	S	S	A	K	L	E	I	P	S	R	E	O	H	A	A
E	R	A	P	I	I	D	Y	M	S	T	P	A	N	W	N	T	V	X
I	E	J	Z	C	O	M	P	A	C	T	D	I	S	K	A	Y	V	W
J	D	L	F	N	W	O	M	N	X	A	H	Y	G	R	L	T	I	Y
R	V	E	Y	T	K	Y	R	Q	T	B	T	K	I	O	Q	M	D	G
V	J	E	G	R	R	W	I	E	A	B	E	H	V	K	B	G	E	P
N	A	M	K	L	A	W	B	Q	Z	T	M	E	F	H	H	Y	O	Z
D	X	F	L	H	P	T	L	S	M	K	H	I	Y	Z	V	Z	K	R
C	X	O	N	Z	X	F	S	G	R	T	J	M	H	N	E	A	A	A
M	J	U	A	I	M	W	B	X	X	X	S	C	N	R	M	I	S	G
K	A	S	S	E	T	T	E	N	R	E	K	O	R	D	E	R	S	W
G	D	A	D	N	S	Q	N	O	L	C	Z	M	B	H	Q	H	E	H
F	W	O	G	S	Q	R	O	H	A	Y	A	P	O	C	C	S	T	S
X	M	J	M	I	X	E	R	A	Y	F	Y	U	U	F	O	O	T	G
S	A	C	Y	O	M	W	U	N	Z	U	G	T	A	Y	M	T	E	A
H	V	A	O	P	S	A	F	J	L	M	Y	E	P	E	M	N	L	Q
V	A	O	B	L	Q	V	H	G	L	X	M	R	P	J	O	I	A	A
K	H	U	E	D	A	U	G	O	K	Q	T	P	L	X	D	C	C	B
Z	Y	V	M	G	M	H	K	Q	K	A	S	P	E	B	O	A	G	F
E	T	T	A	L	P	L	E	I	P	S	G	N	A	L	R	M	U	Q
Q	O	K	G	D	N	X	L	D	T	O	S	B	T	Z	E	Z	H	M
Y	L	Q	O	A	A	Z	X	U	E	N	O	A	T	Q	D	R	U	W
P	T	Z	B	R	P	S	Y	P	A	A	R	Z	H	P	G	K	C	B
U	M	U	I	S	U	R	Z	R	D	G	E	C	B	F	Z	F	P	I

Technik

LANGSPIELPLATTE
KASSETTENREKORDER
HOERSPIELKASSETTE
VIDEOKASSETTE
VHS
BETA
COMMODORE
ATARI
WALKMAN
HEIMCOMPUTER
COMPACTDISK
APPLE MACINTOSH
AMIGA
GAMEBOY

S	R	Y	C	M	Z	E	X	H	P	V	G	N	P	J	Q	U	O	V
Z	P	G	V	I	F	N	E	C	H	J	G	S	B	G	T	N	C	X
P	J	R	O	A	N	N	F	T	G	R	A	S	S	U	A	R	R	G
H	C	U	K	I	S	H	O	N	L	F	F	G	L	U	E	E	X	J
C	Q	B	B	M	Z	E	B	S	N	E	U	B	A	C	W	D	K	H
F	R	O	T	T	O	T	Q	E	P	E	C	O	O	U	E	I	W	L
F	S	V	D	Q	K	B	H	H	N	E	D	A	B	U	C	E	J	T
R	M	Q	P	T	M	P	M	T	R	D	F	B	R	Q	F	N	Y	F
O	A	A	W	F	E	O	E	H	C	N	I	F	G	R	O	H	O	N
I	A	S	A	T	P	R	W	G	F	E	T	B	A	P	E	C	B	P
U	A	V	S	X	S	C	R	V	E	L	P	J	O	G	J	S	P	R
D	G	V	B	K	E	N	T	B	L	L	B	J	H	Q	G	M	K	D
D	N	F	T	A	K	N	W	B	L	A	U	U	M	K	Z	I	A	K
M	A	L	N	N	L	A	E	K	Z	I	N	D	Q	R	C	W	C	W
I	T	C	D	D	A	A	P	G	L	C	D	U	Z	T	A	I	Y	R
R	V	O	G	V	A	T	Z	L	D	P	O	N	J	B	R	K	X	R
C	K	M	Z	U	W	A	H	N	W	T	C	Q	U	T	K	V	U	A
R	C	R	K	H	V	V	I	R	B	X	C	Z	A	E	N	H	O	J
X	L	I	O	E	Y	K	K	Z	N	H	B	P	D	E	T	N	K	N
P	J	E	R	R	S	Z	U	Z	O	T	R	E	B	M	U	X	A	W
T	A	Y	B	E	B	A	Y	X	Y	V	X	M	H	S	R	W	G	L
L	N	R	U	A	B	U	O	P	A	E	U	I	X	V	C	K	N	S
E	N	S	Z	X	S	P	D	T	N	Y	U	Z	M	P	L	W	I	N
N	A	M	R	O	C	I	C	X	Y	M	I	A	R	H	P	E	K	K

12

Autoren

OTTO WAALKES
EPHRAIM KISHON
UMBERTO ECO
JOHN LECARRE
ISABEL ALLENDE

PATRICK SUESKIND
STEPHEN KING
ANNA WIMSCHNEIDER
GUENTER GRASS
AVERY CORMAN

M	D	J	G	I	M	S	S	Y	N	S	Z	A	E	M	L	K	P	Q
S	B	J	B	E	F	A	C	Y	M	N	G	E	A	E	W	P	G	J
Z	I	T	B	N	D	W	R	P	B	A	P	O	K	P	S	Z	N	N
A	R	M	S	Q	L	T	E	X	Q	Y	H	I	O	H	V	S	B	S
B	D	O	O	I	Z	Q	D	R	K	B	E	H	F	I	Q	V	S	P
U	Z	N	S	O	T	H	L	A	S	Q	U	D	A	S	Z	J	W	C
O	K	D	P	I	X	A	O	X	K	A	Q	W	K	T	V	X	B	X
D	A	S	X	L	I	R	Y	H	Y	I	J	V	G	O	C	E	W	X
V	S	U	J	Y	K	R	G	Y	W	R	O	U	Q	Z	I	V	X	Y
G	H	E	S	X	K	Y	A	L	M	G	K	B	U	N	T	F	E	L
O	U	C	E	B	A	Q	O	A	Y	U	Z	L	Z	W	V	W	R	K
P	U	H	K	D	E	R	R	T	R	X	L	I	Z	K	H	Y	K	J
W	E	T	I	N	Q	O	N	E	O	S	G	M	Q	Q	P	O	I	V
G	E	I	L	E	N	B	H	M	J	E	T	M	E	U	I	X	M	B
A	W	G	L	G	C	J	O	C	L	C	J	V	U	Q	X	U	A	G
I	D	D	I	E	R	V	V	S	R	M	S	X	U	B	X	S	H	K
F	D	G	N	F	O	E	C	N	X	D	S	U	N	D	B	A	H	B
Y	V	Z	G	P	L	A	T	O	O	N	G	O	S	F	O	L	Y	F
K	Q	L	C	Q	J	D	L	X	T	T	L	H	F	I	M	L	B	U
A	S	J	L	X	P	C	T	N	B	L	I	R	I	E	D	Y	A	L
L	C	Y	V	E	H	T	N	D	A	N	T	O	N	L	W	K	V	L
O	Z	U	R	T	C	C	E	U	I	K	I	L	W	D	H	L	V	O
L	J	A	C	K	E	T	Y	N	E	A	J	Q	I	S	J	Y	T	A
Z	L	B	O	O	T	M	G	R	V	G	I	E	Z	E	U	G	E	P

Kino

HARRY UND SALLY
SHINING
FULL METAL JACKET
BIRD
YENTL
LOLA
YOLDER WEG

MONDSUECHTIG
THE KILLING FIELDS
DAS BOOT
DER EINZIGE ZEUGE
PLATOON
MEPHISTO
DANTON

L	I	J	N	U	T	D	L	Q	W	E	A	P	O	N	H	Y	E	R
F	V	X	A	K	X	Q	B	W	Z	G	O	A	L	C	F	Z	W	E
M	F	I	T	X	K	G	Q	F	P	R	E	N	N	U	R	R	D	O
J	S	N	M	M	J	X	R	O	D	L	A	H	T	E	L	D	Z	B
U	F	S	Q	E	W	O	L	W	E	L	A	L	I	L	I	O	D	E
F	T	P	T	F	L	R	L	N	S	E	U	W	Z	H	A	H	W	I
Q	Z	U	O	R	A	V	B	P	S	G	G	R	I	S	E	E	N	S
I	K	E	A	B	H	R	R	A	E	N	O	I	S	A	O	T	A	T
I	N	D	I	E	N	N	B	Y	R	A	W	E	R	J	H	M	T	O
U	K	O	L	R	E	I	S	E	D	M	E	T	L	D	D	D	P	O
W	N	T	V	G	Y	W	R	H	L	J	F	V	G	O	W	V	K	T
X	I	R	N	L	C	D	E	U	C	E	Q	Q	X	R	B	K	D	U
L	K	A	A	X	J	A	D	E	C	A	F	R	A	C	S	J	E	T
I	V	N	M	A	G	U	C	J	E	D	P	N	W	L	I	Y	R	O
I	D	O	N	F	E	I	D	P	W	N	H	B	V	H	L	A	U	I
H	M	F	I	R	C	Y	E	R	N	B	G	K	X	U	N	I	M	X
P	E	B	A	S	W	I	U	V	H	C	R	S	P	Q	B	X	K	F
C	V	J	R	A	D	E	Z	Q	O	O	H	A	Z	E	W	H	W	Z
F	G	W	B	P	C	V	B	L	A	D	E	G	Z	C	B	S	H	T
R	S	Y	X	K	H	L	B	W	J	P	O	G	Z	I	W	H	Q	N
E	Q	D	K	E	E	B	M	Z	B	M	L	J	Q	I	L	U	M	A
U	K	E	H	C	S	N	E	M	N	E	T	N	A	F	E	L	E	C
R	H	T	W	H	O	Q	W	A	L	L	S	T	R	E	E	T	S	H
R	G	S	N	E	I	L	A	H	A	B	U	D	W	F	K	R	O	T

Kino

TOOTSIE
DRESSED TO KILL
DIE FARBE LILA
REISE NACH INDIEN
SCARFACE
BLADE RUNNER
DER ELEFANTENMENSCH

ANGEL HEART
RAINMAN
BRAZIL
WALLSTREET
LETHAL WEAPON
RAN
ALIENS DIE RUECKKEHR

N A C U H T H G I R F F T S W S D I C
M Q P W N G S A G O L N R B E U F H I
I C W V P M Q G H F Q E W L A G O O N
O Q X B P O S H I N I N G Y K L Y B L
A Y A G E S L F B T D A C L X O C H K
Q T O P H M T T E Q E X W C Q G C S Q
I G I P U H A U E H F Q T U W S T E D
B H G K G H M N E R T G X I L I D Q T
M O U I I Q Z R F Y G K B U R E E N Z
F S N R U N M B L M X E M B R S C Q M
M T C O C O O N L H R D I N M H L Z S
A B W Y U F K Y A T M O G S U N N R L
S U C G J Y L I H N B V S H T P W U M
G S F Z F E S P Y N P B T E G R H M V
N T N M Y P M Y F N A L J B G M I P E
A E Z X W U P S F L R O M G Z K L F Q
L R G H I E X O L U I O S Q U S G G P
O S T T E I I K I P S D B S U O Q G K
Z G K W U W P W E B B S Q A E C S G K
G B C Z D F N K G T L P L Z S J L B C
N J J H C X Z S E V U O T W R A E C H
F L D O V J U I T B E R F G K L X W S
R D I E A Z Z Z H U N T P G A P F E O
Z D H V J X H S S K T U E N F V I Y T

Kino

STIRB LANGSAM
POLTERGEIST
DIE FLIEGE
NIKITA
ET
GHOSTBUSTERS
PARIS TEXAS

NAME DER ROSE
BLOODSPORT
THE SHINING
BLUE LAGOON
COCOON
FRIGHT NIGHT
TOP GUN

N	R	R	E	A	G	A	N	D	X	M	D	W	T	L	N	G	J	E
K	G	J	T	U	D	A	N	A	I	D	P	D	N	M	G	N	W	P
G	X	O	U	R	I	W	D	U	O	R	G	R	X	E	Z	U	F	Z
I	C	S	K	B	E	H	P	Z	H	Y	J	W	L	N	D	G	H	W
Z	Q	C	O	E	X	P	M	Z	N	C	K	K	X	W	R	I	A	C
S	A	H	A	M	A	U	E	R	F	A	L	L	T	U	P	N	S	I
S	E	K	N	D	M	J	S	K	C	M	H	D	E	I	P	I	S	H
G	F	A	N	L	M	Q	M	S	U	E	R	N	I	O	E	E	E	Z
X	G	S	K	H	J	A	M	K	P	S	E	W	L	E	R	R	L	K
F	L	P	Z	O	F	D	W	L	D	N	F	O	O	G	E	E	H	O
R	A	S	J	K	G	V	B	B	R	I	F	H	C	S	S	V	O	N
J	S	P	O	K	G	D	N	G	S	G	T	C	D	L	T	R	F	T
Q	N	E	E	G	C	A	W	C	M	T	S	S	Z	I	R	E	F	E
D	O	N	I	A	J	U	H	O	H	O	C	T	S	F	O	D	Z	C
L	S	C	Q	D	P	E	O	T	E	C	H	A	L	J	I	E	K	F
A	T	E	G	B	R	Z	I	R	L	B	E	B	T	U	K	I	H	L
N	B	R	B	N	A	M	U	P	M	F	R	R	O	Y	A	W	Y	N
O	C	A	H	H	N	O	V	W	U	U	N	O	D	A	V	I	D	N
R	Z	S	A	I	H	T	A	M	T	R	O	G	U	F	T	Z	E	Q
M	J	Q	O	P	Z	C	V	Z	Q	R	B	L	Z	B	W	K	O	X
Z	X	Z	F	N	V	Y	U	V	U	G	Y	N	L	I	U	L	L	H
K	C	R	D	D	Z	J	X	S	A	E	L	V	J	X	R	M	Y	L
T	L	J	K	H	Q	W	T	L	D	N	K	P	N	R	H	P	Z	X
L	U	I	J	E	W	K	A	H	W	U	A	P	E	T	N	Y	S	V

16

Politik & Geschichte

WIEDERVEREINIGUNG
DDR
DIE GRUENEN
HELMUT KOHL
JOSCHKA FISCHER
GORBATSCHOW
RONALD REAGAN

TSCHERNOBYL
PERESTROIKA
GLASNOST
MATHIAS RUST
MAUERFALL
DAVID HASSELHOFF
DIANA SPENCER

I D I E R K I C J W H T V Z D W G Q K
H G H J A O Y V I S W T E E G S E L C
V H A A T J T B V F M U N G A M L I I
W U T J W W X C K L K N A U D O M N T
G M J K I K R L E P B U C K E A N D Y
J U Z B L I K W C P J V U W R K G E H
H R S N I N S U E D S H E P C A O N U
Z B H L G X Y X Y P H N L X W R T S N
E X X U H D I K M H Z E I M V O W T T
I I D W T I A S L A R O G E R S R R E
T S N I Z M X J H M I L G C O E C A R
R L G T O N B N L X E M A F Q A F S W
E A J S N A X R Q Q L V J H Z N P S U
I N M X E R N Y M T B W U O P N B E B
S D X I C K I Q S S Q O S H M E U L Q
E N J V S P J P J A P Y D N S W C J I
N B U R Z S U T J R T H X P X A J D J
D V L H H G E Y Y V K N W D O H M R P
E W L L A B N O G A R D A N O C I U K
N F K J T Q D W Q D W C F F J N O L W
G R O S S S T A D T R E V I E R H G C
G A M O E T O I L O Z H L A J Q N V K
F Z G D C X M P M F C P K I D K J O D
A F G V I C Y E G Y D N W O V G G Q E

Fernsehen

BUCK ROGERS
CITYHUNTER
DRAGONBALL
FAME
FANTASY ISLAND
GROSSSTADTREVIER
HAWK
INSPECTOR GADGET

LINDENSTRASSE
LOEWENZAHN
MAGNUM
MASH
MISS MARPLE
ROSEANNE
TWILIGHTZONE
DIE ZEITREISENDEN

X	M	N	M	W	X	S	Y	L	H	P	C	G	X	T	A	I	A	Q
S	F	D	M	H	J	R	R	P	S	R	C	B	K	E	B	K	J	X
J	T	A	R	T	P	E	V	J	A	D	B	R	X	K	C	L	V	K
Z	H	R	P	O	N	T	G	Q	Y	V	N	K	I	F	U	K	F	M
M	J	B	E	S	O	T	R	P	I	W	E	R	Y	V	B	H	A	U
G	U	N	L	L	N	V	C	S	B	E	R	G	E	R	E	W	I	I
U	H	E	N	T	O	A	N	M	Z	O	H	A	Z	U	G	A	R	N
E	N	Z	U	A	R	E	U	J	J	B	A	G	E	D	L	E	Y	K
N	K	O	S	R	M	T	B	Z	I	G	R	Y	O	K	G	R	L	R
T	E	S	E	P	H	Z	F	W	S	W	R	G	P	E	M	A	A	U
E	W	L	L	E	G	H	I	T	I	N	Y	A	A	I	H	E	G	E
R	L	W	G	A	R	A	S	F	V	Y	A	R	L	C	Y	H	L	D
V	A	N	L	R	F	O	X	K	P	R	D	L	S	S	N	A	H	G
Z	E	F	M	V	E	J	S	Q	O	C	M	T	R	O	B	E	R	T
R	X	R	R	B	J	O	L	E	Y	A	T	D	Z	X	I	N	G	A
N	B	I	T	A	G	F	J	E	N	O	G	X	L	D	Q	U	G	B
X	B	K	P	I	N	S	Q	N	G	T	C	G	U	A	H	S	O	K
S	U	T	E	N	L	K	X	N	A	K	H	R	T	D	R	E	T	O
X	S	G	T	G	R	J	K	D	T	C	G	A	H	C	C	A	H	L
E	K	F	E	O	S	C	U	H	J	F	R	M	L	K	E	T	H	L
A	E	K	R	L	W	J	O	V	R	R	A	Y	I	R	B	I	T	U
V	M	L	D	F	Z	M	V	D	V	I	T	N	I	J	R	O	R	H
S	H	C	F	T	A	N	E	Z	R	T	G	K	O	W	L	U	G	X
T	P	N	W	S	M	V	S	M	C	Z	A	R	M	K	C	E	U	L

18 Moderatoren

RUDI CARRELL
THOMAS GOTTSCHALK
FRANK ELSNER
ROBERT LEMKE
HANS ROSENTHAL
ERIKA BERGER
HARRY WIJNVOORD

JOERG DRAEGER
FRITZ EGNER
KAI BOECKING
INGOLF LUECK
HARALD JUHNKE
GUENTER PFIZMANN
PETER ILLMANN

R	S	E	X	C	I	U	K	K	M	I	P	Y	T	T	D	M	J	T
O	X	A	R	V	D	E	G	J	I	A	U	K	B	R	G	N	A	C
L	A	B	C	P	T	Y	K	L	D	L	C	G	P	J	O	T	E	J
L	Z	X	U	T	X	A	Y	W	N	G	E	I	Z	Q	T	L	P	N
A	O	W	E	R	W	P	P	I	L	A	N	N	D	O	Z	O	L	C
	G	N	G	Q	G	J	P	K	E	W	T	E	O	F	D	R	M	I
B	S	X	Q	L	Q	E	A	F	C	K	E	H	N	Z	I	Q	M	S
E	E	P	H	S	I	U	R	A	K	H	R	C	O	E	P	K	X	B
L	A	S	T	A	G	J	A	B	M	H	Q	B	C	Q	R	T	A	S
T	Z	J	S	U	H	E	G	M	U	O	Y	E	J	E	N	H	B	R
A	X	W	M	E	R	X	S	U	S	Y	M	A	L	C	G	H	U	E
F	V	M	W	E	U	E	J	G	C	L	F	T	V	J	W	K	O	Z
D	I	L	R	G	L	S	L	E	H	L	U	S	Z	E	X	Q	Z	Z
Y	W	T	L	I	R	C	Z	L	E	E	S	E	B	J	L	S	G	I
T	A	W	M	D	B	S	O	B	L	J	L	S	C	T	T	I	R	F
Q	L	S	E	W	N	U	K	B	L	K	S	U	H	O	X	A	T	D
I	V	F	M	N	D	N	S	U	W	P	N	A	P	Q	A	S	E	A
S	H	O	C	K	M	E	U	B	S	H	X	R	V	T	N	V	N	C
H	E	R	Z	V	E	Z	N	R	I	S	Y	B	D	O	U	B	L	E
A	T	O	J	A	N	A	V	D	B	U	J	C	M	B	Z	D	N	P
R	U	L	G	O	S	Q	C	O	R	E	N	V	H	J	F	A	O	Q
I	G	L	V	X	N	O	X	S	R	S	S	N	C	O	E	R	X	V
T	Y	I	G	G	R	J	L	G	O	S	L	Y	R	C	D	Z	P	C
F	R	D	I	T	H	Y	O	B	U	E	A	R	O	G	C	A	U	M

Süßigkeiten

TATTOO KAUGUMMI
FRITT
OCEAN JELLY
CENTER SHOCK
DOUBLE DIP
ROLLA BELTA
FIZZERS

SMILES
BRAUSESTAEBCHEN
SUESSE KETTEN
SUESSE UHREN
TROLLI BURGER
ROLL BUBBLEGUM
LECKMUSCHEL

P B L S S F U M T D T L A M I N I K X

F J U N L L U G M B L Y B H E G S H E

X R D Q R D A I S H L N F T M U P R I

S L C O Z N G X M S O F T C A K E C A

N D Z Y P G R B J Q U E B Y I G J A A

P S B E I O F C C S R V K A X B O N F

Y M E E N D G P C A F T X H F H K D D

Q P L I F O P N G D N N W N E F P Y W

R A L T T D N I I Q Y C V N Y E U G M

T C Z X Z R Z H I T S C H L E R L Z N

P D H L Z O A J W B A N S M J R V N G

R Z D C K N M M Y I O O W U R C E A T

N D D O U F F K S P N Q M G T R R R F

E P H M H N X Z P R V C C E X Q S Y O

J C E V E O T I B F W Y T L G U T B T

S S K E T L N I F M X C W B W I A A K

N K C R E H C A R K U A O B Y U N M K

L C E G S O P D T O C N R U U P G D Z

Z I L L A P L D J L X Y K T Y A E C Z

C T H E C F L E O M F O R W V P N A R

H S C G Z H M Y B Y H N D X E Y F T Z

U P S E X O U D C V A I M M I N I S F

P I A I F K N P N E F I E R T S U A K

A L Y R Z C W T S R N C L K Z M Y M T

SMARTIES MINIS
SOFTCAKE
NIPPON
HITSCHLER
CHUPA CHUPS
KAUSTREIFEN
KRACHER

CANDY LIPSTICKS
TUBBLEGUM
SCHLECK PULVERSTANGEN
SCHOKOZIGARETTEN
BAFF
CANYON RIEGEL
MCTWO

L	N	R	W	V	L	C	J	K	V	P	O	H	T	N	G	S	J	S
W	E	O	H	N	H	C	H	O	C	L	A	T	E	G	K	H	A	J
F	W	U	N	D	E	R	B	A	L	L	K	Z	I	C	I	R	T	J
N	V	V	H	F	B	E	W	U	Y	F	W	I	O	N	O	B	T	O
U	C	H	D	Z	L	L	A	N	K	Z	L	R	U	T	O	A	S	H
O	T	L	N	G	M	N	C	R	P	L	P	J	T	G	K	B	G	R
P	L	O	R	A	I	Q	W	K	E	O	N	I	H	T	D	D	I	O
K	A	U	G	U	M	M	I	N	P	Q	E	K	I	U	Y	K	N	H
Z	D	A	A	Q	M	R	I	D	G	Q	K	K	M	E	X	U	O	E
Y	S	E	T	I	Z	G	E	W	G	U	C	F	X	A	P	S	I	Q
F	S	D	L	D	S	Z	F	U	T	E	O	S	P	F	O	V	V	S
M	S	K	A	N	U	S	Z	B	Z	T	L	V	W	C	A	A	Q	C
V	A	U	W	D	W	T	D	V	O	S	F	B	J	O	K	M	M	H
E	M	O	N	T	E	L	I	N	O	C	R	W	F	P	F	U	J	O
V	P	P	K	H	Y	D	Z	Y	G	H	E	V	V	Z	S	U	E	K
Y	E	R	M	M	W	L	P	I	W	T	P	I	N	O	E	T	G	O
D	I	I	B	O	N	I	D	P	M	U	S	R	Q	Y	K	F	J	L
S	H	J	L	F	G	C	G	L	H	B	U	T	Q	S	U	G	Y	I
Q	H	L	E	E	E	Z	R	N	V	E	N	B	P	V	O	N	C	N
B	W	N	H	R	J	K	I	A	O	W	K	I	E	D	C	Z	W	S
U	B	R	D	E	S	N	C	V	Q	A	H	D	A	I	T	G	H	E
Y	Y	D	U	C	G	P	M	M	A	C	K	Z	Y	V	D	K	A	N
O	K	D	Q	H	R	E	I	C	I	M	M	U	G	U	A	K	N	I
O	P	O	J	I	Q	E	C	L	O	B	B	S	B	G	M	L	S	E

21

Süßigkeiten

FERECHI
KAUGUMMI
WUNDERBALL
QUETSCHTUBE
MILKA MONTELINO
KNALL KAUGUMMI
GINO GINELLI
POPROCKS
BONITO SCHOKOLINSEN
KITKAT
SAROTTI
KNUSPERFLOCKEN
CHOCLATE CHIPS
MAOAM

S W I N G U M S I X I D R E E B D R E

W F K V Q F C U W P R U F I L M L T L

W S C H O K O L A D E N T A F E L N S

U E G R I E S E N W H E E I M W M C P

X R N U K E E F E G S X A K S J H M G

Q F R P V E C D R S B P T H M O Z A M

P R E P L P L I E V O I A U K E I R F

F I K G B S S U U D M O H O X L J M U

U S C C Z C N W J R I M L O I H J E B

P C U U E D S U A M U I W P E T D L X

I H Z L R K A V Q H N Z P T W E T A C

U U N E N B H X S S I E N Y C R O D I

J N E Y L R Y A E D N N E B H A F E L

H G B L T Y L N M S A M K J R F F L F

G S U H G M Q H T R O O T V B Z E N P

P S A G F K V I B S U M I P R M E V H

P T R I B N F E G H A C Y E A E I F A

O A T B D T G P Q T T Q B R T M W V A

R E V L U P E S U A R B A B K U V J C

R B I E S U E S S E A K V I K P L Q B

V C P K E Z L I P N L P W K E K S E X

G H K K Q J F V K R E I P A P S S E W

B E E Q S M M L V C W T O H X G F U B

M N Y N Y O T Q N K R W C H M H E X W

SCHOKOLINSEN

ERDBEERDIXI

SUESSE PILZE

WINGUMS

TOFFEE MUHMUHS

RIESEN KARAMELL

BRAUSEPULVER

TRAUBENZUCKER

LIPPENSTIFT

KEKSE MIT MARMELADE

ERFRISCHUNGSSTAEBCHEN

SCHOKOLADENTAFELN

GEBRANNTE ERDNUESSE

KNABBER ESSPAPIER

M	W	T	Z	P	R	Z	W	R	M	H	X	X	G	V	Y	X	P	Y
V	M	D	E	D	D	W	W	I	X	U	W	Z	J	B	R	J	Q	D
H	O	G	G	E	Z	L	X	D	G	A	V	Q	F	Y	C	R	Z	H
Z	V	I	D	E	O	T	H	E	K	D	S	T	E	R	N	E	O	H
L	D	E	R	B	I	H	Z	J	A	I	F	J	V	X	B	R	C	Z
P	I	K	D	Z	V	P	Y	K	L	E	D	V	J	X	R	Z	H	X
T	Q	B	V	J	K	W	O	E	L	T	S	L	O	K	Z	C	E	A
Z	K	L	O	L	I	K	E	U	H	H	U	F	X	K	S	Z	A	I
U	F	N	V	M	V	O	K	P	X	B	H	H	B	U	X	E	T	G
L	K	D	I	Q	Y	S	O	I	Z	W	O	K	K	N	P	W	C	L
D	C	M	I	T	S	A	C	R	O	L	L	S	C	H	U	H	O	H
V	F	J	H	S	B	X	L	B	L	C	W	T	C	X	J	T	D	K
V	S	E	Q	U	C	L	U	P	R	M	G	T	Y	I	O	C	E	P
F	N	K	R	L	G	O	U	C	N	E	L	S	F	P	U	L	S	M
X	G	X	A	R	X	K	H	E	E	Y	A	O	P	R	D	G	J	G
P	R	I	Q	T	I	J	L	M	F	S	O	K	A	L	E	G	O	G
K	T	P	O	W	E	S	D	B	U	C	T	C	D	G	P	W	Y	E
X	G	H	B	C	N	B	H	U	A	J	A	A	G	A	D	K	C	A
A	B	E	C	S	M	V	O	P	L	O	Y	H	R	Z	N	T	J	F
T	C	N	I	A	D	Q	B	A	B	J	E	B	Z	T	N	C	T	J
J	X	I	O	R	M	L	F	L	R	V	O	Y	Q	Y	R	P	E	O
J	R	J	Q	Z	K	E	A	A	L	D	X	N	Y	M	N	E	D	Z
F	P	W	S	S	V	U	S	T	S	B	C	H	G	T	R	V	K	S
I	P	Z	I	V	Z	E	U	B	H	N	E	V	T	G	K	J	Y	M

Sonstiges

PLAYMOBIL
LEGO
KRIEG DER STERNE
JEDI
BLUE CURACAO
ROLLSCHUH LAUFEN
SKATEBOARD

BREAKDANCE
COKE DIET
VIDEOTHEK
CHEATCODES
DISCO
STARTREK
FERRIS MACHT BLAU

E	I	N	S	P	C	G	J	Y	B	Q	E	C	I	Y	U	V	Y	U
N	N	T	X	L	W	O	M	S	T	U	R	Z	F	L	U	G	V	M
H	J	Y	A	G	E	U	A	M	P	O	Q	H	A	C	B	Z	Z	U
B	H	E	Z	W	J	A	E	V	H	Z	Z	F	I	S	F	M	L	E
A	C	Z	H	J	I	V	H	L	D	M	C	F	A	L	C	O	T	H
X	Y	D	C	O	A	M	H	C	I	I	S	I	T	I	W	A	K	T
V	L	N	Q	N	D	W	K	E	I	O	L	G	N	G	O	C	Z	L
S	G	I	I	A	Y	U	A	H	R	M	N	F	U	V	L	R	W	S
T	Y	L	R	W	T	P	Y	R	G	U	O	E	R	Z	V	C	V	O
E	L	B	R	A	N	I	N	G	A	N	C	D	L	J	L	B	C	P
I	D	G	M	W	M	B	K	N	G	K	R	H	E	E	O	N	K	O
G	E	O	E	O	R	I	R	N	W	T	R	I	O	R	S	P	D	U
V	F	V	M	I	L	E	I	Q	M	A	O	E	N	S	N	V	X	S
V	E	S	I	L	E	K	M	O	D	B	F	T	X	N	U	Z	R	D
M	H	G	I	L	L	R	L	O	S	D	U	O	E	I	A	O	P	B
U	C	M	J	A	A	Y	J	J	Z	Z	P	L	L	Q	X	D	W	A
T	E	Q	T	I	K	D	H	O	N	L	A	V	T	E	U	H	H	B
N	P	E	Z	M	B	E	T	O	O	H	Y	X	T	B	L	W	N	E
E	E	I	T	O	B	I	S	G		R	G	T	I	A	N	Q	A	S
N	D	H	S	R	V	K	R	N	E	G	E	T	I	Y	M	B	R	C
C	J	C	O	D	C	L	A	D	K	M	A	J	E	W	D	V	U	X
C	V	I	O	A	C	V	R	W	D	A	E	D	O	Z	B	C	A	F
G	S	R	J	L	Y	O	J	K	E	A	H	A	Q	I	H	Q	L	M
E	U	L	E	F	Y	C	J	H	G	N	Y	H	R	R	J	A	I	P

Interpreten/ Gruppen

FALCO
DEPECHE MODE
ROXETTE
AHA
MODERN TALKING
GEIER STURZFLUG
THE CURE
LAURA BRANINGAN

DEAD OR ALIVE
MICHAEL JACKSON
NEW ORDER
TRIO
VAN HALEN
LIONEL RICHIE
MILLI VANILLI
RUN DMC

S	B	O	N	L	B	D	M	V	X	J	A	A	Q	T	T	C	F	P
P	X	A	N	N	O	D	A	M	S	X	I	J	M	S	R	N	E	X
R	Y	D	N	I	J	I	H	A	L	L	O	U	H	R	V	M	X	K
I	Z	X	K	E	O	S	G	G	E	V	Y	E	I	Z	V	A	Y	M
N	S	I	B	C	A	D	S	N	I	H	X	W	H	B	E	C	Z	H
G	T	E	W	U	C	M	R	I	D	D	T	R	K	T	W	D	E	C
S	R	M	F	R	H	J	G	E	S	T	R	X	E	A	S	U	E	C
T	A	P	S	B	I	F	P	C	H	V	Q	I	J	R	P	I	A	R
E	I	D	X	B	M	O	A	N	X	C	D	M	L	H	C	N	W	H
E	T	M	N	F	R	E	R	I	D	N	O	I	P	U	L	O	C	R
N	S	U	I	U	C	S	T	A	O	W	A	S	J	R	C	A	T	C
M	S	E	E	H	G	R	O	L	I	O	T	T	M	Q	N	Q	I	V
R	A	S	C	J	X	T	B	T	Q	U	E	E	J	F	S	L	D	X
T	I	E	X	N	Y	F	T	H	J	J	S	R	Q	R	L	I	X	H
I	J	P	X	T	I	V	F	Z	V	X	L	E	F	J	F	R	2	R
J	Y	S	J	X	E	R	L	E	E	Y	X	M	Q	B	K	O	P	U
Z	S	V	L	D	U	A	P	B	R	K	P	W	E	A	Y	H	G	C
E	A	Z	I	U	I	S	Y	W	E	Y	F	F	M	Z	R	D	W	W
I	O	S	G	Q	S	E	C	Q	D	P	R	U	F	L	H	G	N	F
V	Y	M	K	M	Q	L	Q	F	N	X	A	Y	N	G	D	I	N	A
E	Y	Y	R	V	Q	G	U	H	O	C	N	O	G	A	L	L	D	R
T	G	X	T	K	G	N	P	D	W	N	C	P	H	N	S	C	F	F
S	X	R	X	X	T	A	O	J	W	F	E	U	E	R	V	U	Z	V
I	D	B	L	Y	D	B	X	S	Y	M	R	O	M	S	C	U	S	R

Interpreten/ Gruppen

FRANCE GALL
STEVIE WONDER
INXS
MADONNA
BON JOVI
THE BANGLES
MR MISTER
BLONDIE

JOACHIM WITT
EUROPE
PRINCE
DIRE STRAITS
BRUCE SPRINGSTEEN
U2
HALL AND OATES

G R S A P C N I S P P I L L A U P E R

E H B H H U E Y G W W M D E D W F V D

B B A A S Q R H S V X Q D C X F K S I

A M H R M I O J X N Y W W R O R D R V

A E I V F P O Z S E U S D H U X N R A

K R A E R O S M I T H G L E O N W E D

F X N Q X Y Y W Z S J E G R R P P V R

T B O N G M M C P Z S E A O N F O W F

G K Z O F R Y K Q S R P S A D M O R L

E U N S P X V D A O A E M M P S D V C

V V S K L R N H O C S E H I N Q D O Z

V Z G C K F Y Y D D U P R I K U V Q B

L O N A U R H C K Q B N L D A E J N S

N H V J U I L B R U X L Z J K E A L P

Q E U C B I U P W K O C G K V N N I P

R L R J U E A V J C L Z I I Q J E M B

J E T H E W Z V Y H T I S N W V T M T

M E C S I B F B I R B A H G D R F D X

C P B I D N Q P B W G Z V P H Y I V G

X S T W D R R X F E H A N S Q V L E L

S Y S E E B P O F F R Z K M A M G M I

E J O L R E I W O B B P C D H G M N G

N Z N T F M P O U B X U P I A B L P O

V F V S L T D A V I D M W K I K N G M

Interpreten/ Gruppen

CINDY LAUPER
GUNS NROSES
PHIL COLLINS
ACDC
QUEEN
DAVID BOWIE
FREDDIE MERCURY
AEROSMITH

DAVID HASSELHOFF
HUEY LEWIS
MIKE KRUEGER
LIPPSINC
ABBA
VISAGE
FRDAVID
JANET JACKSON

G M C O F S G Z X R Q F A K R W O Z Z
E C H K E W U J E E D E P R W P E T C
O N E P U F Z X B N Z A D Z C O J V L
R I R E R U I Q B R X R O I A H Z Y F
G C L T Y R F M R U B S Z S D S A O L
E O E K T E E D I T H G T Q Y P R K C
K L A B H L F Y C R C L P O R K C Z A
L E G A M L B D K X E Y B A N D D K K
A F U N I I U S I Y Q X W F V W C L A
T X E D C M O Z G D R H V C M Z J F N
H Y N E S E G A H T I S L U X D J M M
F D Y G C N Z T E T T L U C B D A X I
T X T I J E T A N E D O Z B N R Z T C
H K W R B N R E V C M M T A N J M F H
F H F O X S Y E A Y H K U L N R P O A
W A U Z K Y L K E D P S V C F I Z M E
L N X N E S Q A P O F S G H N E T G L
X D P H A C S W K W P Q M O C T G Z Q
P O S J G M I W B N C A W U P O A A U
D B H X D A U L D R B Z Z S O O T L Y
A V X Y T Q D H O W Z I H T U Q H N K
H X N E N M P T E P C B V O B M L S M
Q J N E N A F Z Z L Q Y C N I F U Y I
K M R K T W C F V N B Z K C U T Y L B

nterpreten/ Gruppen

NICOLE
HUMAN LEAGUE
STEVE MILLER BAND
POLICE
NENA
GAZEBO
EURYTHMICS
TINA TURNER
TALK TALK
TEARS FOR FEARS
CHAKA KHAN
CHER
PET SHOP BOYS
RICK ASTLEY
WHITNEY HOUSTON
GEORGE MICHAEL

O	L	L	R	E	I	S	E	R	I	A	N	H	W	J	M	R	S	Z
D	C	T	Q	K	H	E	I	P	G	Y	X	P	F	G	I	P	G	D
I	I	D	K	U	M	X	H	B	L	P	P	Z	Y	O	C	J	R	V
A	T	E	O	D	S	T	I	A	P	A	K	A	I	D	U	N	O	W
L	N	T	P	O	Q	R	R	N	U	E	G	U	T	M	A	I	E	W
K	O	T	N	M	V	A	A	D	S	C	G	E	J	G	V	Z	N	E
J	C	T	I	I	M	B	Q	Y	D	Z	T	T	J	O	G	S	E	J
P	Y	D	D	K	Y	R	B	J	T	T	J	L	O	T	C	V	M	J
R	Y	V	W	N	R	E	Z	M	P	B	I	T	P	T	X	K	E	X
N	R	W	A	H	I	I	S	L	G	N	N	I	S	L	P	K	Y	U
A	C	Q	V	E	V	T	R	A	D	O	K	P	M	I	N	V	E	B
J	E	N	V	B	T	W	I	E	E	E	S	Y	Q	E	X	M	R	N
T	A	E	R	Z	T	E	N	E	S	R	L	U	J	B	Z	R	T	M
K	A	F	C	N	P	B	B	G	I	K	D	P	A	Y	J	X	O	N
Y	V	A	U	U	E	S	P	L	I	F	F	N	R	L	E	F	O	E
W	J	H	Q	R	B	H	Q	B	V	G	L	H	A	U	K	P	P	A
A	K	I	G	Z	Q	N	W	F	K	Z	E	E	S	R	P	V	U	L
S	I	A	D	P	Y	X	W	N	N	V	L	X	D	H	X	A	B	O
E	Y	U	H	E	T	L	M	B	P	X	F	U	B	P	R	A	V	O
U	Z	E	S	L	A	H	E	D	N	E	W	C	H	O	P	H	B	G
Z	A	W	U	Q	Z	L	S	V	P	O	W	S	D	C	P	S	M	I
X	K	E	X	W	N	M	X	N	C	I	D	T	X	T	S	X	P	O
Z	T	E	X	G	R	A	K	U	S	A	E	X	G	V	K	C	H	A
T	R	E	B	U	H	F	F	P	V	L	O	S	T	S	A	G	F	F

Interpreten/ Gruppen

IDEAL
GOTTLIEB WENDEHALS
SPLIFF
GROENEMEYER
RIO REISER
ANDREAS DORAU
PURPLE SCHULZ

KLAUS LAGE BAND
DIE AERZTE
BAP
EXTRABREIT
HUBERT KAH
UDO LINDENBERG
EAV

Lösung Nr.5
Lösung Nr.3
Lösung Nr.1
Lösung Nr.6
Lösung Nr.4
Lösung Nr.2

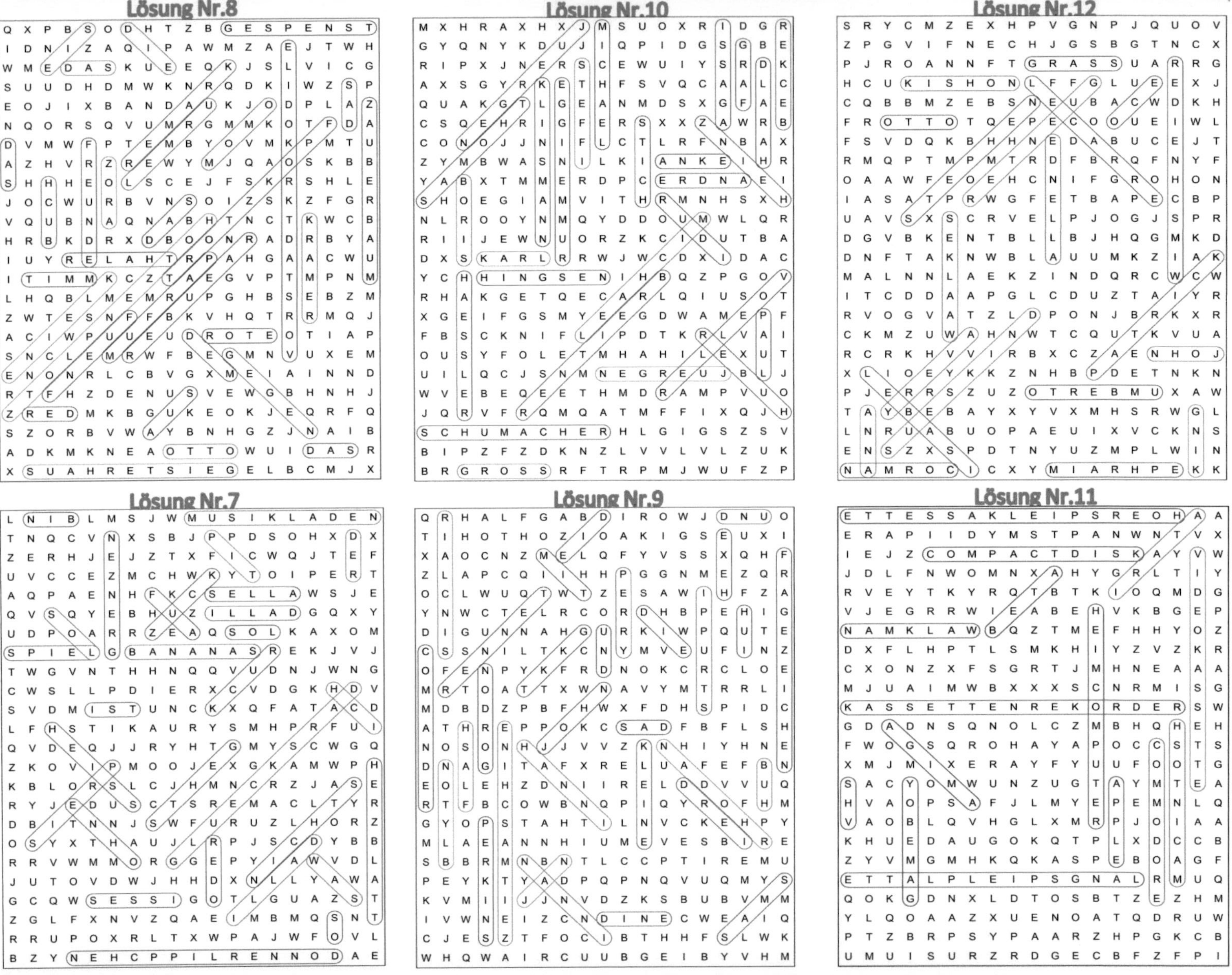
Lösung Nr.8
Lösung Nr.10
Lösung Nr.12
Lösung Nr.7
Lösung Nr.9
Lösung Nr.11

Lösung Nr.17
Lösung Nr.15
Lösung Nr.13
Lösung Nr.18
Lösung Nr.16
Lösung Nr.14

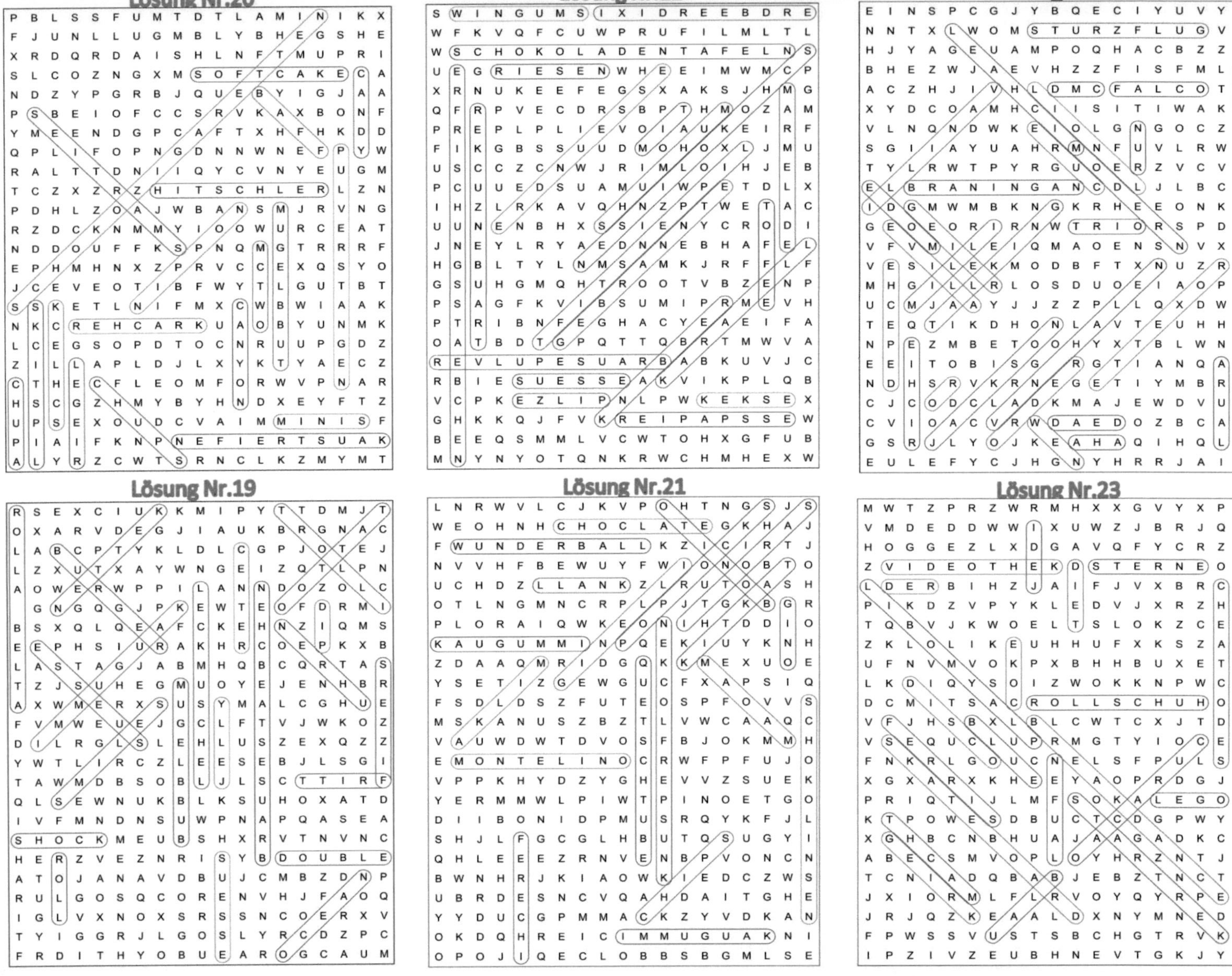
Lösung Nr.20
Lösung Nr.22
Lösung Nr.24
Lösung Nr.19
Lösung Nr.21
Lösung Nr.23

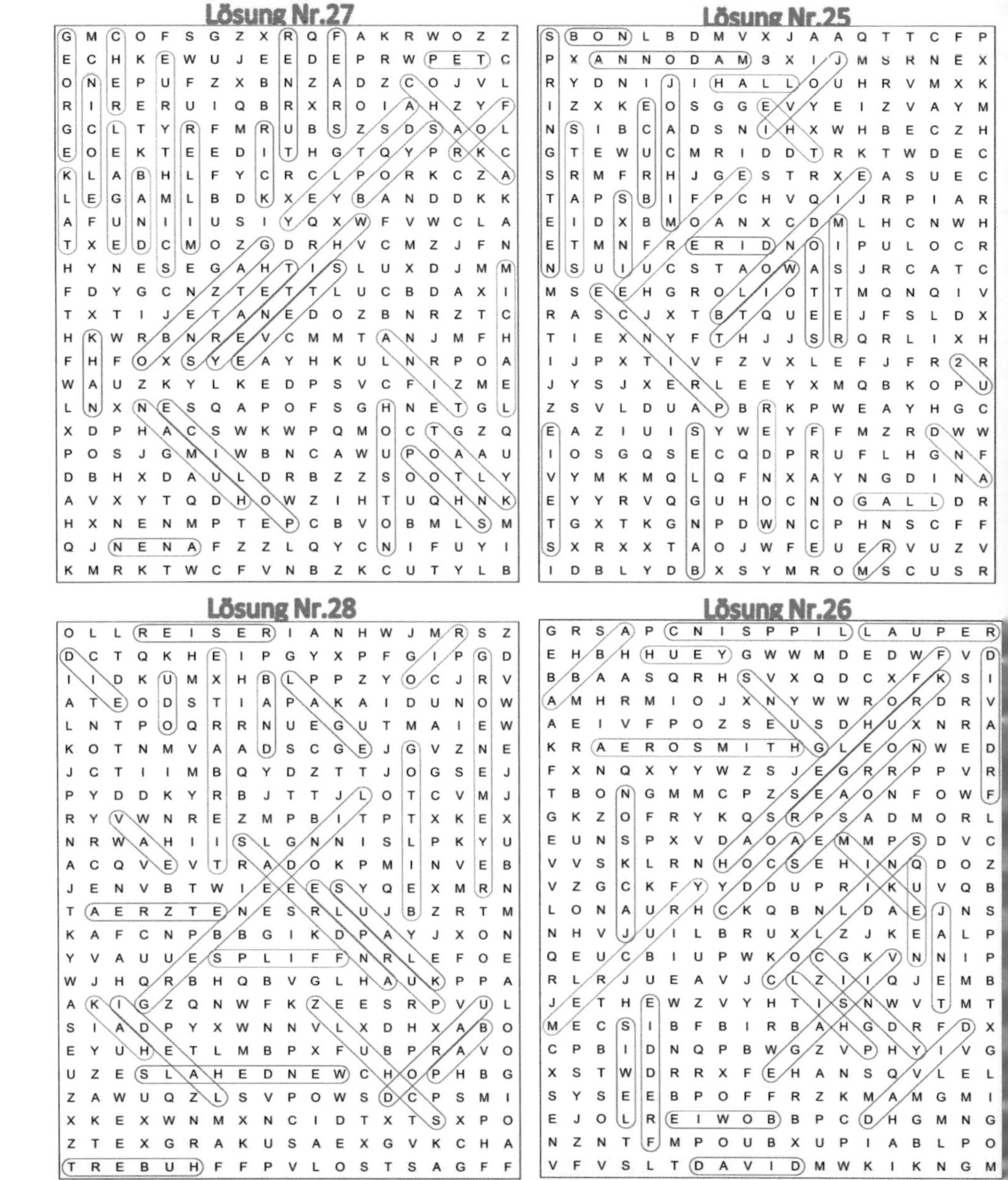

Lösung Nr.27
Lösung Nr.25
Lösung Nr.28
Lösung Nr.26

DAS 90iger Jahre WORTSUCHRÄTSEL BUCH

Z	L	N	A	G	F	C	I	R	Q	K	V	M	R	V	G	Y	H	I
G	J	C	E	J	V	D	U	Y	H	E	D	O	A	H	Z	S	X	E
M	L	I	Y	L	N	J	E	O	G	N	X	G	L	O	K	A	G	C
T	Y	C	S	L	A	G	P	O	P	O	L	L	Y	A	I	R	H	J
A	V	Y	G	G	M	D	Q	A	Y	L	P	B	C	T	F	Z	N	G
T	D	R	O	J	U	U	N	H	E	T	J	V	U	H	U	F	N	Z
T	Y	H	L	K	F	H	T	A	Y	E	L	U	K	A	M	L	U	D
O	B	L	P	C	R	L	F	V	S	Y	H	U	R	N	W	G	R	B
O	F	R	M	W	A	M	Q	K	E	I	C	O	B	D	E	A	E	V
X	S	R	X	J	P	P	P	J	F	K	M	D	Z	Y	I	M	L	V
P	S	U	R	V	E	P	F	Z	T	X	Z	M	T	X	E	E	L	V
I	K	G	O	Y	J	F	G	T	O	N	O	J	U	O	S	B	O	Y
B	Y	L	J	O	E	V	B	I	E	H	O	Q	X	G	M	O	R	F
E	T	E	K	N	E	A	R	T	E	G	E	E	T	D	I	Y	Y	D
N	E	H	U	H	N	I	T	X	Y	S	G	V	F	U	G	H	T	Q
O	K	I	A	E	G	E	N	Y	S	E	L	T	Y	X	C	Q	I	O
R	C	S	F	H	K	F	R	R	X	V	K	U	I	X	M	A	C	E
T	O	Y	T	U	T	J	A	G	C	P	L	N	P	E	B	I	A	D
I	P	V	U	H	C	X	I	G	I	P	S	J	L	M	P	K	D	S
Z	G	E	F	C	C	U	K	Q	L	R	W	O	K	U	I	O	W	M
L	U	Z	M	S	D	S	K	C	F	V	D	Z	L	M	V	N	J	P
S	O	M	I	Q	I	C	S	M	X	Y	E	V	X	B	Y	B	M	N
Y	U	K	C	E	O	A	B	C	B	Y	E	U	A	R	P	P	T	H
T	A	M	A	G	O	T	C	H	I	R	X	S	Y	H	N	R	T	A

1990iger Produkte

MY MELODY PARFUM
IMPULS DEO
POLLY POCKET
TAMAGOTCHI
GUMMISANDALEN
BUFFALO SCHUHE

NOKIA HANDY
ZITRONE TEEGETRAENKE
PULVER
CITYROLLER
GAMEBOY
TATTOO KETTEN

J L J V P P J W G E X X V F Z B R T N
K R T H G M O R T A L R N Q W U C U P
W J E O B O F F Z J P R Q X J S P O O
V S Z U P H Q W W C E R T Y F D K A J
T K I K Q X F U K S Z E L D A E N K Q
M L L E Z N M A I O T N U B M D C P T
D D R W B O O D N R F Q S O O G B R L
E O E G O E E C R T G Q N E E D K U Q
C I N D C N N O I T A Z I L I V I C U
O G O J T M D Y S Y B S C Z P W U C A
M D V V A G O P V S H O Y T R M V Z K
M F F J D I O J X W E Q I F P S Z X E
A E F I L Y E A B P A F E A B P V Z H
N P T B N L E G E N D X Y R M E N T S
D L Y Q S Q L E R Z L A M C M E P M Q
B G D D J R B T Y J Q A X R L D R V C
B T E D E V K F E V I L X A M A W I V
L R M D K Q O S A H I N M T V M N A K
U D I K F O S M N X N G Y S U Y E I F
E A W U E Q M L S T B V T P Q Y S C F
R F T Y D O R B W I O F D R U L T L A
R L G R A N R W A L R M V L T A R D N
M A F O R U D X Z T R U B O U R I E D
F H H D T H E O H B Q C T Z M N N S W

2

1990iger Videospiele

FINAL FANTASY SIEBEN
HALF LIFE
RESIDENT EVIL
POKEMON RED AND BLUE
THE LEGEND OF ZELDA
DOOM
TOMB RAIDER

CIVILIZATION ZWEI
MORTAL KOMBAT
STARCRAFT
NEED FOR SPEED
QUAKE
COMMAND AND CONQUE
GRAN TURISMO

K	N	E	T	T	E	R	A	G	I	Z	S	G	L	Y	D	F	P	H
E	V	L	I	S	K	E	W	K	V	M	E	X	D	S	U	O	J	B
P	G	Y	O	W	L	O	Q	A	F	U	E	N	G	E	P	I	J	H
V	F	W	K	O	V	B	L	U	Y	L	A	X	O	I	E	H	B	H
P	N	E	K	W	G	E	T	G	B	C	C	D	G	T	S	A	U	C
R	R	Q	A	T	C	D	K	U	Y	R	M	I	I	R	Z	E	Z	Z
X	J	H	F	L	B	X	S	M	K	B	I	U	N	A	V	F	P	Z
D	B	U	D	R	B	W	L	M	K	W	S	J	E	M	E	J	M	E
A	Q	L	G	B	U	R	N	I	D	M	P	N	L	S	F	F	T	X
H	L	Z	N	H	S	F	G	E	E	M	E	L	L	Z	D	F	O	T
N	X	E	F	X	S	Q	R	L	Q	U	P	C	I	D	I	J	R	O
K	R	I	N	G	F	Y	U	O	Z	N	S	S	I	T	Z	U	D	G
V	G	S	Q	L	Y	Y	T	E	O	I	L	T	S	H	H	A	T	N
C	M	B	S	A	B	C	L	A	E	P	Y	N	U	G	W	G	H	G
X	G	K	A	D	K	L	L	E	G	Z	E	V	O	A	Z	X	G	G
E	L	C	C	H	J	L	W	Y	N	P	I	J	C	H	B	I	Q	U
F	T	R	O	O	G	A	T	G	P	X	R	T	I	B	N	R	T	S
N	X	Y	X	U	T	B	X	I	L	A	I	I	P	O	X	O	U	E
R	L	S	N	V	X	R	L	Y	I	Q	T	C	Q	E	B	D	Q	I
D	L	T	N	X	B	E	R	S	T	I	T	H	S	U	I	W	V	F
W	E	A	W	N	H	D	G	P	Q	X	E	G	B	G	U	S	U	I
I	V	L	K	G	B	N	L	O	D	Y	R	B	U	O	Q	P	U	H
V	K	T	U	K	K	U	Y	R	P	M	L	W	U	F	O	Z	A	R
U	T	F	T	J	I	W	X	T	E	E	R	Q	F	P	F	W	T	F

CRYSTAL PEPSI
WUNDERBALL
RITTER SPORT SMARTIES
SQUEEZIT
RING POP
CANDY LIPPENSTIFT
GINO GINELLI EIS
KAUGUMMI ZIGARETTEN
BUBBLE JUG
FRUFROO JOGHURT

M	I	E	G	P	I	U	N	K	F	V	A	P	U	H	C	C	S	N
F	P	G	Z	D	B	H	W	T	U	D	S	P	U	K	F	H	A	R
L	H	U	P	U	U	F	J	C	H	T	I	F	I	R	X	U	M	N
L	L	L	T	B	M	Q	L	C	R	Q	I	N	H	I	S	P	P	U
J	K	V	K	S	V	X	F	K	K	U	C	K	I	I	F	S	Y	R
Y	W	G	V	A	Y	G	L	W	I	M	J	L	E	F	P	N	C	C
Q	R	I	Z	J	K	X	U	T	Z	O	Y	Y	S	Z	K	P	D	G
Y	A	F	M	G	P	W	U	M	W	R	X	T	G	K	E	A	O	R
T	A	F	P	K	Z	T	F	G	D	E	B	P	M	G	I	C	Y	I
N	O	A	G	W	Q	T	R	T	F	L	H	X	U	P	S	D	N	U
A	G	Q	O	V	K	A	U	M	B	O	N	C	B	H	N	C	H	S
K	I	P	S	K	Y	B	X	H	B	S	T	Q	B	Q	B	A	V	G
B	Q	I	G	F	B	U	A	R	U	J	X	A	C	C	N	G	A	W
L	N	V	S	L	W	K	C	V	J	A	I	T	Z	Y	G	U	N	J
T	Q	H	E	M	U	S	K	E	T	I	E	R	S	N	R	L	W	C
Q	M	B	K	Y	R	K	K	N	E	Z	A	C	S	X	Z	A	G	D
B	W	E	E	L	H	A	Y	P	P	A	H	A	M	I	L	B	D	C
J	V	G	S	X	E	U	W	D	X	M	G	F	H	I	E	A	L	I
V	D	A	C	P	Z	K	G	Q	F	H	I	R	A	Z	S	T	N	S
Z	T	K	T	L	S	S	Y	G	M	E	Q	U	L	S	N	B	H	I
Q	E	N	S	H	O	T	S	T	C	V	I	C	O	R	A	N	V	H
N	Y	I	K	X	W	A	V	M	G	A	U	E	L	N	C	N	Q	C
D	N	X	E	G	O	L	D	T	A	L	E	R	R	U	K	X	T	S
M	O	V	K	T	M	F	N	D	I	C	A	G	T	D	B	K	M	T

1990iger Süßigkeiten

CHUPA CHUPS
GOLDTALER
TUBBLE GUM
DREI MUSKETIERS
HAPPY HIPPO SNACK
TABALUGA EIS
SOLERO SHOTS
TSCHISI EIS
SKY EIS
KAEPTN KUCK

O	R	C	R	A	Z	Y	I	V	S	T	I	V	Q	J	G	A	V	W
K	G	H	I	F	D	V	Z	J	T	H	L	G	S	K	O	E	E	V
V	O	U	L	Y	L	B	E	J	P	A	L	T	K	V	F	M	F	Z
Y	P	L	R	J	U	M	V	L	B	J	O	K	C	V	T	G	L	S
D	Y	G	Y	C	A	F	E	B	B	F	C	I	V	H	I	S	Y	G
Z	U	J	L	H	V	V	U	Z	E	D	H	I	R	H	I	F	C	V
M	A	G	O	M	G	H	H	T	E	S	M	A	G	E	W	V	F	V
A	N	H	Z	Z	P	Q	H	T	A	S	O	U	U	A	B	X	L	M
J	E	T	A	I	S	Y	B	G	L	E	K	F	B	S	M	A	D	E
K	O	E	N	D	W	X	H	A	B	B	U	B	U	C	E	M	Y	J
O	T	M	C	N	X	I	N	E	R	E	A	B	B	H	P	X	F	C
L	W	Z	Y	A	H	F	K	Z	E	I	Q	R	B	L	N	Z	Q	M
F	E	A	B	F	L	G	W	S	O	Q	Z	L	W	E	U	X	H	Y
P	N	H	N	D	Y	E	U	A	L	A	O	K	N	C	K	F	H	T
A	D	S	C	B	Q	A	V	M	T	W	P	C	X	K	D	N	W	X
I	G	Y	W	S	R	E	S	U	E	C	H	V	V	B	L	J	W	V
B	D	T	V	B	U	N	Z	H	E	Q	U	P	P	R	D	G	P	Y
D	I	L	W	Y	O	M	C	R	P	R	I	K	U	A	D	M	T	D
Y	P	Q	H	K	T	X	K	A	B	B	U	M	F	U	I	U	H	L
I	S	H	K	O	N	U	M	C	N	T	Z	P	L	S	D	G	B	B
M	O	C	A	R	E	G	J	D	E	D	A	R	M	E	U	G	W	L
B	W	S	X	R	E	D	I	A	R	L	Y	X	Z	U	U	E	X	N
U	L	M	I	K	J	S	F	N	H	F	W	H	Y	Q	R	Y	M	R
H	P	I	S	N	I	Y	V	F	R	M	Z	T	W	Q	G	V	F	Q

CANDY UHR
BUM BUM EIS
LECKMUSCHEL
SCHLECKBRAUSE
HUBBA BUBBA

BRAUSE UFOS
RAIDER
CRAZY DIPS
MAGIC GUM
KOALA BAEREN

U	K	O	C	V	G	Z	C	W	F	U	R	R	R	I	N	Y	L	G
I	J	N	E	S	O	N	I	D	Z	A	A	H	T	N	C	S	F	U
E	M	X	E	P	S	G	L	B	B	D	U	X	P	S	T	B	X	A
S	J	H	B	E	N	O	U	F	Q	V	E	E	E	L	Q	A	Q	J
J	T	V	R	D	C	D	H	Q	B	S	K	L	E	C	O	L	C	N
D	T	L	N	E	A	S	N	D	C	S	B	I	T	S	T	U	T	S
R	D	M	Q	J	K	W	F	E	S	B	D	O	B	O	J	V	G	U
D	D	U	S	W	C	U	S	R	V	W	S	R	I	U	Z	D	D	F
X	T	B	J	E	T	W	K	O	T	P	B	G	G	T	N	M	N	E
D	E	Q	F	U	P	K	V	A	N	M	Y	T	C	H	Q	R	A	I
Y	M	W	R	P	V	X	L	B	Z	S	S	I	E	V	N	I	L	K
O	L	A	O	W	M	E	B	U	Z	X	N	P	P	P	S	T	V	C
P	M	T	W	O	S	I	U	W	E	P	P	R	E	W	T	S	R	U
A	J	T	F	V	F	M	A	K	M	E	L	H	X	D	H	O	B	D
W	B	A	D	J	N	H	V	L	A	O	A	S	N	E	D	L	O	G
H	L	I	R	K	Q	R	E	F	B	E	G	S	G	F	K	P	A	J
A	O	L	B	Q	W	I	V	X	E	N	P	K	Y	Y	T	N	Y	O
X	E	Y	D	F	U	R	C	Y	H	D	L	T	L	Y	T	X	G	U
I	S	T	W	V	P	G	R	I	N	M	F	K	N	G	O	I	F	W
Q	T	J	U	S	J	K	E	I	Y	K	C	G	W	W	I	S	C	N
R	Y	P	D	H	G	F	E	W	J	Q	T	O	R	V	S	R	G	L
L	P	H	R	M	M	V	K	C	K	R	E	I	H	O	E	L	L	O
X	E	U	C	S	T	A	R	G	A	T	E	T	B	U	A	R	R	S
I	D	A	J	T	I	P	A	R	K	M	C	O	O	N	I	N	V	O

1990iger Serien

SOUTH PARK
DUCK TALES
KAEPTN BALU
DAWSONS CREEK
DIE DINOS

SEX AND THE CITY
WER IST HIER DER BOSS
GOLDEN GIRLS
FUTURAMA
STARGATE

D	N	B	R	B	Q	K	A	H	E	T	V	I	D	R	R	P	I	Y
U	O	F	Z	Q	I	F	Q	X	D	K	E	I	N	E	M	D	A	E
G	J	I	R	Q	R	P	S	N	O	E	Q	Y	M	G	I	R	L	I
O	G	D	I	I	I	K	Z	B	P	E	C	W	A	E	R	M	I	W
L	Z	G	X	M	A	F	F	S	R	N	S	L	V	O	D	N	N	G
V	R	E	O	E	T	B	N	A	E	R	T	J	O	N	Q	Y	G	J
U	A	R	P	E	D	J	B	G	E	A	E	M	U	K	P	M	Y	F
E	L	H	Y	Q	E	R	R	Y	W	P	Q	L	T	I	Z	G	K	A
C	L	A	L	M	E	E	R	N	P	Y	S	K	L	E	T	D	O	I
E	Y	J	X	D	M	T	H	E	P	L	E	J	N	A	R	R	J	Q
V	Z	C	N	E	U	C	P	C	M	U	A	N	Q	P	U	E	X	P
E	Y	U	J	M	A	T	G	O	A	Q	A	C	W	Y	B	X	V	F
W	W	N	H	D	M	W	E	H	U	E	A	X	E	C	X	G	P	Q
C	F	E	N	T	X	I	U	I	S	I	X	D	P	E	G	C	S	J
A	O	E	S	A	C	N	F	O	M	O	E	D	M	O	N	A	F	F
S	X	X	L	O	N	L	R	N	B	Z	L	V	F	Y	O	H	P	T
D	L	K	J	Y	R	Z	X	U	A	Z	L	B	M	Q	H	F	C	C
M	U	B	E	A	E	L	V	S	Y	T	V	L	U	M	W	Y	P	H
N	H	M	L	V	A	Q	E	U	W	L	Z	V	S	C	D	X	D	I
B	M	P	N	F	D	W	G	M	A	U	X	B	V	L	Z	J	H	P
V	M	C	B	E	A	L	D	J	T	C	N	Y	H	M	Y	O	J	O
E	P	E	M	C	S	Z	K	O	C	A	S	T	G	C	H	A	P	V
T	W	H	K	Q	R	S	S	R	H	U	Z	V	E	P	R	I	A	A
Z	G	Z	U	Y	C	V	K	M	C	G	E	S	A	R	P	Z	J	K

1990iger Serien

TWIN PEAKS
BAYWATCH
EMERGENCY ROOM
ALLE UNTER EINEM DACH
CHIP UND CHAP
ROSEANNE
ALLY MCBEAL
MELROSE PLACE
DIE NANNY
WUNDERBARE JAHRE

N	T	S	I	M	P	S	O	N	S	V	Q	A	M	X	Z	V	W	K
H	R	S	P	X	L	P	V	I	F	A	O	U	D	P	B	Y	J	K
S	D	J	R	B	K	R	L	B	I	R	S	N	E	Q	U	W	L	S
O	P	B	I	U	S	L	E	R	D	I	I	N	B	E	O	K	Y	M
A	Q	T	N	F	U	L	H	O	I	F	L	E	S	E	N	Z	X	R
O	A	C	Z	F	K	E	A	X	Y	B	U	C	N	Z	I	S	K	T
P	C	P	W	Y	T	N	E	N	R	W	H	P	W	D	H	E	L	Q
U	D	P	V	F	S	H	I	W	G	R	H	G	G	A	S	X	T	B
J	H	E	I	L	I	M	A	F	E	A	T	M	I	O	Q	H	I	B
U	B	F	W	S	B	S	F	C	S	Y	D	D	S	R	E	K	C	Z
G	Q	A	D	Q	H	A	K	M	I	I	R	N	U	Q	F	L	H	M
Z	N	Q	F	I	X	L	F	X	Y	E	O	B	C	M	Y	P	F	O
L	R	L	L	J	I	B	U	E	D	N	B	U	H	P	T	H	H	H
U	W	Y	A	C	G	Z	Y	G	A	K	U	H	X	B	J	T	X	W
G	J	N	H	L	V	U	L	A	J	Z	Q	W	D	I	E	X	Y	Y
A	G	Z	F	V	O	L	C	L	T	W	V	W	A	Y	E	S	V	B
O	R	C	K	L	Y	O	Z	J	S	Q	B	Z	T	O	N	Q	P	D
K	K	Z	D	O	O	Y	B	W	C	E	K	F	U	F	I	W	C	G
S	J	C	G	V	T	J	U	J	V	Q	H	O	U	S	E	Q	G	R
S	P	D	E	F	E	W	C	E	J	G	Y	H	X	N	P	H	Y	C
R	Y	A	K	T	E	X	R	B	P	S	U	G	I	Y	Q	I	D	K
I	N	E	T	T	E	L	U	W	J	H	O	N	M	Q	C	L	K	M
W	J	L	G	S	Y	I	J	K	I	N	G	H	P	J	A	L	D	K
R	G	M	T	T	D	Z	W	G	Q	P	P	K	Z	T	R	S	N	H

1990iger Serien

BEVERLY HILLS
FRIENDS
DER PRINZ VON BEL
AIR
AKTEX
KING OF QUEENS

BUFFY
ALF
FULL HOUSE
EINE SCHRECKLICH
NETTE FAMILIE
DIE SIMPSONS

T	R	A	U	M	S	C	H	I	F	F	F	M	N	H	J	R	Q	G
Z	W	T	A	U	S	F	A	L	L	E	J	T	D	I	B	Y	A	Q
V	I	N	L	N	L	Z	A	K	T	R	A	T	S	U	A	Y	B	D
X	D	E	A	O	L	I	R	D	N	E	T	Z	D	T	G	K	N	A
K	R	D	L	T	A	N	W	W	W	Z	Z	M	E	K	J	I	O	U
T	A	I	V	N	B	S	Y	A	U	B	A	L	M	L	Z	K	R	K
U	N	S	G	I	S	T	S	R	N	O	O	E	R	L	B	S	E	D
M	E	E	W	L	S	I	U	Q	M	E	D	H	E	I	W	H	Y	N
B	Y	A	D	C	U	N	O	G	E	I	D	J	X	B	N	K	Z	A
E	W	R	M	I	F	C	M	C	X	C	H	U	B	B	L	E	E	L
N	G	P	A	D	S	T	F	F	E	L	P	R	A	I	T	Z	T	H
E	N	K	P	L	Z	E	O	I	K	A	A	F	Q	R	K	E	R	C
N	U	A	A	E	R	R	A	H	A	B	Q	V	A	O	H	G	A	S
N	D	N	R	I	D	H	S	R	T	S	Z	T	E	S	T	A	R	T
U	N	A	T	F	F	Q	Z	P	P	C	S	P	C	N	I	S	C	U
N	E	L	H	Y	X	G	N	J	V	H	M	A	I	N	R	U	O	E
G	U	C	E	L	X	G	C	A	K	A	M	I	B	O	X	A	X	D
A	R	I	I	O	V	H	J	G	H	F	W	F	D	P	F	Q	K	A
J	G	S	D	H	E	G	N	U	N	F	F	E	O	R	E	K	T	F
X	N	A	Z	M	W	B	F	A	F	U	H	P	N	Q	A	A	M	F
T	S	B	N	G	O	M	D	R	E	N	S	T	A	X	H	U	C	A
L	M	I	A	R	Q	H	L	Z	F	G	X	G	U	T	T	F	L	E
T	T	S	I	T	E	L	E	S	K	O	P	A	Y	I	Q	T	K	R
Z	G	S	Y	M	A	N	O	D	A	R	A	M	V	Z	N	L	Z	E

1990-92
Ereignisse

1990
UMBENENNUNG
CHEMNITZ
BSE
FORD KAUFT JAGUAR
HUBBLE TELESKOP
TAKE THAT
GRUENDUNG
DEUTSCHLAND
FUSSBALL WM

1991
TRAUMSCHIFF
AFFAERE
BORIS JELZIN
PRAESIDENT
START WWW
AUSFALL KARNEVAL
KOKAIN DIEGO
MARADONA
HOLYFIELD BOX WM

1992
ABSCHAFFUNG
APARTHEID
BILL CLINTON US
PRAESIDENT
START DNETZ
EROEFFNUNG MAIN
DONAU KANAL
BASIC INSTINCT
START ARTE

J	A	H	R	H	U	N	D	E	R	T	F	L	U	T	U	N	D	E
S	T	A	R	T	N	A	V	I	G	A	T	O	R	F	O	X	I	M
J	W	P	O	S	T	K	R	U	Z	I	F	I	X	H	E	Q	V	A
G	U	R	T	E	B	R	E	I	P	A	P	T	R	E	W	F	U	N
P	C	A	S	W	O	D	N	I	W	R	H	E	I	N	Z	V	Q	D
H	R	L	U	C	K	D	E	U	T	S	C	H	L	A	N	D	Q	E
T	A	I	Q	A	P	R	E	I	C	H	S	T	A	G	A	V	V	L
S	C	H	I	N	D	L	E	R	S	N	E	T	S	C	A	P	E	A
N	P	R	O	S	T	P	R	A	E	S	I	D	E	N	T	K	U	R
T	X	V	E	M	H	A	N	T	S	E	F	E	Y	U	H	S	D	G
F	S	X	G	I	Z	N	U	E	N	D	N	U	F	N	E	U	F	I
S	E	L	E	S	D	A	V	I	S	S	N	Z	U	O	Y	Y	S	L
V	E	R	H	U	E	L	L	U	N	G	N	Z	U	E	U	Z	N	L
D	A	G	O	B	E	R	T	B	E	S	C	H	L	U	S	S	I	E
D	O	O	P	R	I	V	A	T	I	S	I	E	R	U	N	G	E	T
E	U	R	O	T	U	N	N	E	L	G	V	G	Y	M	M	L	L	S
P	O	S	T	L	E	I	T	Z	A	H	L	E	N	W	C	C	E	F
T	I	F	J	V	N	J	A	C	Q	U	E	S	W	L	P	L	M	N
T	N	E	D	I	S	E	A	R	P	K	U	N	E	L	F	A	R	E
E	E	B	A	G	I	E	R	F	L	Y	I	S	J	R	C	J	O	U
N	P	L	C	H	I	R	A	C	F	C	O	Q	L	I	O	S	F	F
T	A	T	N	E	T	T	A	C	K	M	F	W	N	E	T	S	I	L
R	L	E	E	S	O	N	U	P	W	O	T	O	Q	R	T	M	P	H
K	M	C	O	P	X	P	C	P	R	E	M	I	E	R	E	N	U	K

1993-95

Ereignisse

1993

POSTLEITZAHLEN
FUENFSTELLIG
MONICA SELES
ATTENTAT
DAVIS CUP
DEUTSCHLAND
ALAIN PROST
FORMELEINS WM
JAHRHUNDERTFLUT
RHEIN UND MOSEL

1994

PREMIERE
SCHINDLERS LISTE
FESTNAHME
DAGOBERT
MANDELA
PRAESIDENT
START NETSCAPE
NAVIGATOR
FREIGABE
EUROTUNNEL

1995

JACQUES CHIRAC
PRAESIDENT
KRUZIFIX BESCHLUSS
START WINDOWS
FUENFUNDNEUNZIG
WERTPAPIERBETRUG
NICK LEESON
PRIVATISIERUNG POST
VERHUELLUNG
REICHSTAG

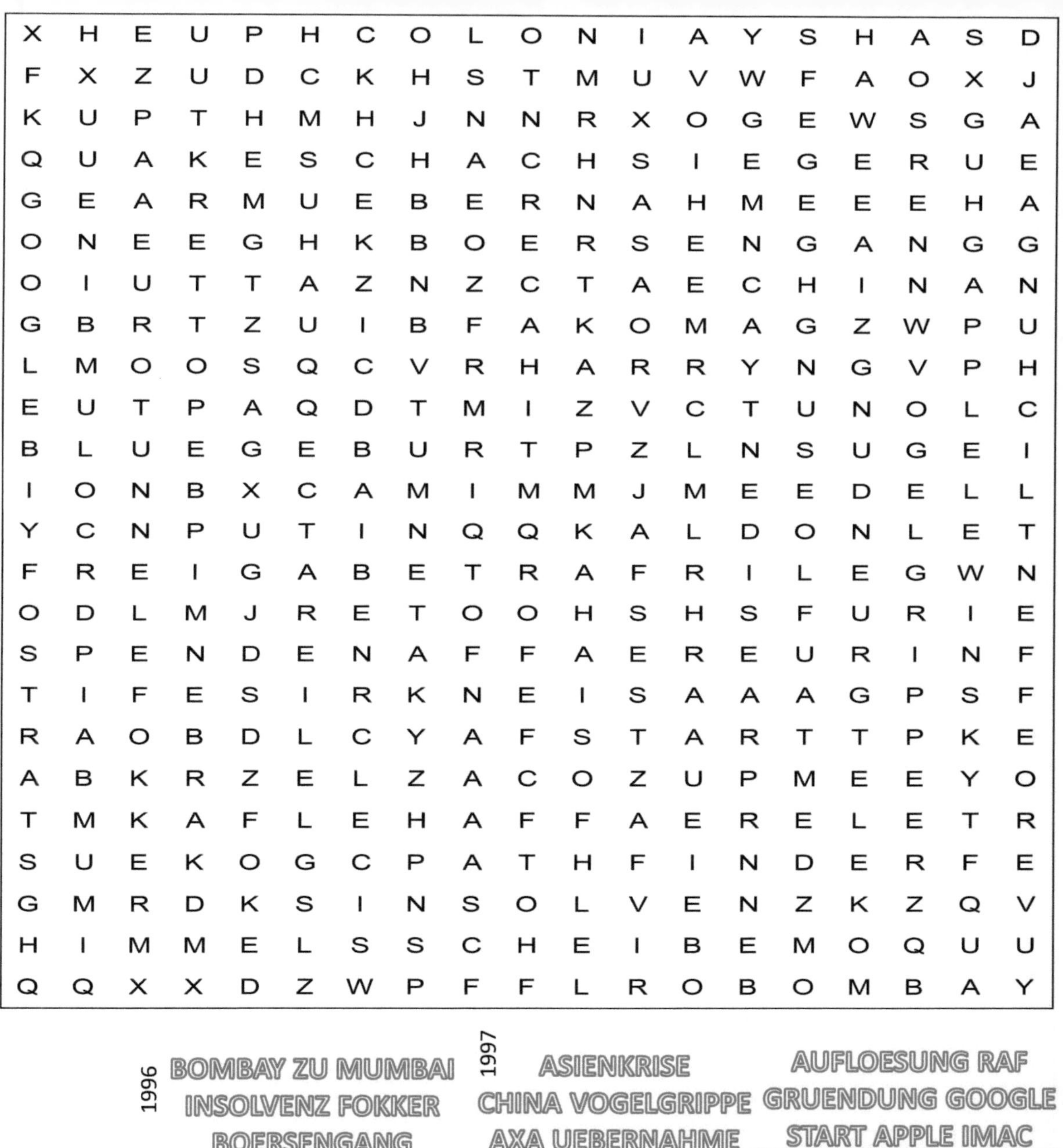

11

1996-99 Ereignisse

1996
BOMBAY ZU MUMBAI
INSOLVENZ FOKKER
BOERSENGANG
TELEKOM
DEEP BLUE
SCHACHSIEGER
GEBURT SCHAF DOLLY
START EGO SHOOTER
QUAKE

1997
ASIENKRISE
CHINA VOGELGRIPPE
AXA UEBERNAHME
COLONIA
PATHFINDER MARS
HARRY POTTER
VEROEFFENTLICHUNG
FREIGABE
EUROTUNNEL

1998
START VIAGRA
AUFLOESUNG RAF
GRUENDUNG GOOGLE
START APPLE IMAC

1999
LEWINSKY AFFAERE
COLUMBINE
AMOK USA
CDU SPENDENAFFAERE
PUTIN PRAESIDENT
HIMMELSSCHEIBE
NEBRA

X	E	P	H	R	W	Y	B	K	S	O	M	I	S	E	F	Z	S	V
B	O	F	L	S	R	U	M	Y	Q	Z	Z	L	Y	D	O	X	L	J
S	S	U	L	H	C	S	E	D	N	E	S	J	E	B	V	O	E	M
D	U	D	U	A	B	B	A	L	A	I	Z	O	S	W	E	W	Y	N
P	Z	S	D	B	I	J	Q	Q	K	D	J	A	M	G	R	T	Q	W
W	A	B	T	U	E	M	G	O	X	Y	T	S	C	M	D	E	F	U
G	N	E	C	R	I	I	K	R	S	O	J	G	Z	U	R	M	C	L
M	H	S	Q	Z	Z	L	N	Z	U	D	I	H	U	L	O	I	S	X
N	G	S	M	Y	K	L	T	V	N	E	Y	V	Z	T	S	P	L	R
U	F	E	K	J	T	E	N	S	P	S	N	G	X	I	S	A	R	N
I	B	R	T	R	W	N	F	A	F	K	N	H	O	M	E	I	E	Y
Y	G	W	Z	R	F	I	H	A	W	J	O	A	K	E	N	L	F	V
F	G	E	H	J	V	U	R	U	F	D	Y	Z	B	D	H	E	O	I
A	F	S	J	L	B	M	P	J	A	B	X	A	V	I	E	E	R	M
H	M	S	Q	B	P	E	K	X	R	V	N	S	Q	A	I	N	M	D
H	T	I	W	O	H	A	T	D	P	W	E	B	F	A	T	U	S	E
P	B	L	I	T	P	C	H	Y	V	U	N	Z	G	C	D	Z	T	U
P	Y	F	R	K	I	V	V	O	O	E	J	M	G	O	K	Y	A	E
I	F	W	I	R	H	A	J	L	H	A	W	R	E	P	U	S	U	N
R	O	E	H	R	E	N	F	E	R	N	S	E	H	E	R	A	H	J
P	O	L	I	T	I	K	B	S	N	X	A	E	E	Q	V	F	D	Y
R	X	T	Z	Q	J	A	T	E	K	A	P	R	A	P	S	E	M	B
O	B	U	N	D	E	S	L	A	E	N	D	E	R	C	Q	J	P	O
T	S	W	Z	C	C	Y	K	S	Z	N	V	C	J	A	A	I	F	E

12

1990iger Schlagworte

NEUE BUNDESLAENDER
BESSERWESSI
POLITIK VERDROSSENHEIT
SOZIALABBAU
SUPERWAHLJAHR
SENDESCHLUSS

MULTIMEDIA
SPARPAKET
REFORMSTAU
ROT GRUEN
MILLENIUM
ROEHRENFERNSEHER

D	L	T	X	E	M	K	D	H	S	C	I	C	H	T	P	Y	Y	J
Q	I	M	F	T	Q	S	P	T	C	V	J	Z	A	Q	X	R	O	Y
D	U	C	P	C	W	A	Z	G	E	V	I	O	O	P	K	N	I	R
A	C	B	H	C	M	D	M	P	K	E	T	Y	T	K	U	E	N	J
Y	Y	T	O	X	Q	K	Q	G	L	I	O	X	O	Z	M	M	M	M
R	A	T	B	G	F	Z	U	Z	K	U	Z	L	M	U	U	M	P	Z
S	P	C	I	V	L	Y	C	C	S	I	Q	Q	S	W	I	D	R	I
S	I	G	O	N	H	U	M	H	S	D	O	V	H	S	I	K	Z	P
E	T	G	K	I	I	N	H	G	Y	R	A	G	T	N	Z	G	Z	M
N	S	N	M	W	U	F	H	Y	N	B	Y	B	E	W	V	K	B	X
E	U	M	M	I	T	Z	N	I	G	I	G	R	O	D	X	S	K	P
D	V	N	U	K	A	T	E	I	B	N	K	B	K	U	J	E	H	D
A	L	P	E	F	N	C	M	E	S	P	I	N	F	A	T	R	B	A
S	T	Q	R	E	N	S	F	M	O	H	G	H	I	Z	S	A	O	T
L	F	H	D	E	B	G	S	W	A	C	X	U	T	H	Y	P	E	A
M	K	N	L	P	I	W	D	G	G	D	A	W	M	O	T	M	V	D
E	B	I	L	I	E	B	D	B	E	N	R	G	C	R	N	O	S	A
N	S	W	Z	G	O	B	T	F	H	X	K	E	Z	P	F	C	M	B
J	C	T	T	M	F	H	Y	K	T	T	U	A	V	O	B	K	G	Q
O	Q	C	P	K	R	C	E	S	I	D	A	R	A	P	F	Y	O	U
Y	I	M	J	L	U	W	F	I	M	I	N	U	N	P	Q	E	Q	M
F	L	N	G	X	H	H	J	W	X	O	E	B	P	F	J	W	P	W
K	R	B	V	V	Z	G	F	P	R	Z	D	C	G	T	S	S	R	U
S	K	R	W	O	X	K	A	N	O	T	H	E	R	T	O	P	K	W

1990 Hits

ANOTHER DAY IN PARADISE
PUMP AB DAS BIER
NOTHING COMPARES TO YOU
VERDAMMT ICH LIEB DICH
TOMS DINER
IVE BEEN THINKING ABOUT YOU
SADENESS
INFINITY
ENJOY THE SILENCE

R X J O S C A K E V V F O E I A M V D
Z B Z B L G P T G M T N B E T C X Y N
W A T S O N L O P K O A A E N B R R S
E K H U P U W R B Q N I R U I G D O O
R O X Y H A I K S H I T T J D V J C H
V E W C V N X G O B K S H G M Z M U H
M R S K C K L G C R P A E V B I E E P
H U S E O D N L I R G B L I C Q G R O
A W W Y D T L S T U G E D H I G G H E
N E J H I V T N D X Y S A H B M G J S
N D S U S E R A W X V E V K I V G N A
O N T D N U I J K U L Q N H K G E N K
Z N E Q D D D D M D H I F Y C Z O S G
E Y W Y Z A C B E T S V W B A M K N Q
U N A T X E O N H V Q I B C I H S E D
E W R Z D V Y H V T U N A W N O V R W
H K T W J J C S K F P R D S Z Q J H T
R Y R H X I M Y E K O E A R O A Y E O
L B A O N K Z N P L L C M R W S M B S
R W U Z O Q B F I E F S I S Q Y U L M
Q R W E S S J N M N Y X E S Z G J A S
O R M Y T B E Q B P D Q N F R J G M T
V P L V T Z U J Y X Z Z D J A Y S M O
H A L V K E Z L Q T A J K B J J J E O

1990
geboren

TONI KROOS
CRO
HANNO BEHRENS
EMMA WATSON
KRISTEN STEWART
MONA BARTHEL
CAROLINE WOZNIACKI
PRINCE DAMIEN
MICHAEL SCHULTE
SEBASTIAN RUDY

B	E	I	N	H	A	R	T	N	O	I	Z	Z	V	V	W	E	R	D
R	L	U	G	U	E	L	D	H	C	W	I	T	B	X	U	D	M	L
Z	S	K	X	I	X	W	Y	P	W	N	E	R	S	N	O	A	E	P
M	T	N	O	W	T	M	D	G	V	F	I	A	D	B	R	N	C	R
H	R	H	L	Q	A	V	Q	O	K	N	X	B	W	T	F	F	H	S
I	C	E	I	M	M	Q	T	G	N	O	S	E	I	Y	U	N	A	H
L	S	V	G	W	N	D	V	P	C	N	Z	N	H	W	G	I	N	O
M	K	M	Y	W	J	N	E	Y	G	U	K	D	I	D	Z	Q	G	O
T	W	V	C	A	N	O	X	J	B	E	A	K	B	D	I	N	E	P
L	E	T	S	P	S	A	F	G	M	F	I	H	Y	D	O	R	T	P
I	M	V	D	Z	L	Y	X	Q	T	V	U	L	R	B	E	B	I	X
N	V	U	E	T	O	D	T	T	I	Q	I	A	T	R	F	E	Z	V
I	P	E	R	U	C	O	I	U	L	C	C	S	X	U	O	T	M	B
B	V	A	M	W	T	B	H	I	W	A	F	S	F	C	O	F	L	D
H	U	F	B	E	O	Y	C	B	B	K	I	E	I	K	W	B	E	S
Q	W	A	M	L	U	R	I	M	B	J	E	N	A	P	O	E	A	I
N	B	H	P	A	H	E	I	C	E	L	Z	E	E	L	O	T	J	G
Y	U	F	F	Z	W	V	M	J	I	U	E	D	B	K	A	O	E	W
Z	A	Q	Z	A	H	E	I	N	S	B	S	A	W	I	N	D	H	N
F	N	R	R	P	W	Q	G	R	E	O	T	S	R	S	U	A	S	S
V	N	F	D	Y	K	L	A	T	E	D	I	R	Y	O	J	N	E	O
M	O	H	V	I	A	Z	N	E	S	Z	A	U	Z	S	S	C	X	Z
K	D	Z	B	S	Y	Q	Y	A	L	E	N	P	J	E	X	E	D	G
T	P	D	S	P	Y	I	J	Z	R	R	U	O	A	K	T	R	K	F

15

1991

Hits

SADENESS
BEINHART
EVERYBODY DANCE NOW
JOYRIDE
WIND OF CHANGE
BACARDI FEELING
LETS TALK ABOUT SEX
ICE ICE BABY
SHOOP SHOOP SONG
ICH BIN DER MARTIN NE
SENZA UNA DONNA
IDO IT FOR YOU

U	L	Y	F	E	T	Z	M	B	B	C	T	F	G	W	I	Q	W	S
R	E	U	L	D	R	U	R	P	H	M	X	N	H	L	D	M	F	E
Z	G	N	O	O	L	E	R	A	H	M	U	J	E	L	G	Y	O	U
L	Z	I	D	Q	Y	A	H	D	Q	B	I	V	I	H	W	R	L	Y
R	A	H	G	E	L	F	P	V	N	M	M	S	D	Z	T	R	L	I
U	L	B	M	K	T	K	E	B	I	A	G	P	I	F	Q	E	R	Z
X	X	U	K	W	V	T	L	E	I	T	L	A	E	X	H	B	M	S
B	D	Y	U	M	L	A	I	P	D	Y	S	V	J	N	K	N	P	E
U	R	H	Z	A	C	D	O	U	U	O	W	O	Y	A	N	E	X	P
R	C	Z	Z	K	D	O	T	W	L	G	C	J	N	P	F	D	O	M
R	H	Z	O	E	J	U	T	H	G	H	G	Y	B	I	T	D	R	R
O	F	Y	R	D	I	X	Z	S	C	H	W	A	R	Z	K	O	P	F
E	O	F	L	E	E	O	T	Z	O	E	F	D	L	Y	I	R	P	K
R	K	E	T	V	C	R	N	G	T	Y	N	C	A	R	U	C	K	U
H	N	C	Z	N	X	A	I	E	I	U	B	K	L	T	A	H	A	X
A	H	K	P	J	R	T	E	N	K	L	X	L	N	K	C	K	U	C
L	E	O	H	E	N	R	H	E	K	E	P	A	J	E	C	D	L	M
A	Q	L	E	O	O	C	F	U	I	A	L	N	Y	K	S	R	N	C
Z	A	H	N	E	M	K	A	Z	N	H	E	D	R	K	L	H	U	G
E	S	E	W	N	K	L	A	U	S	C	A	O	U	W	D	A	C	W
L	R	U	X	K	F	K	X	U	K	I	H	N	C	N	Y	G	U	O
E	U	L	B	R	U	E	H	L	I	M	C	P	R	S	B	Z	K	S
X	O	C	N	D	K	F	U	I	B	K	I	J	E	F	O	K	A	R
Y	O	D	C	W	S	V	F	W	Q	Z	M	A	M	I	T	K	S	T

16

1991
geboren/ gestorben

geboren

ED SHEERAN
LENA MEYER LANDRUT
JIMI BLUE OCHSENKNECHT

gestorben

HEIDI BRUEHL
MICHAEL LANDON
ROY BLACK
GENE RODDENBERRY
FREDDIE MERCURY
KLAUS KINSKI
KARL HEIN KOEPCKE
MICHAEL PFLEGHAR
KLAUS SCHWARZKOPF

Q	E	Y	U	K	Y	Y	A	C	N	J	G	J	H	Z	F	L	I	C
Z	G	M	E	S	W	X	H	H	G	W	C	I	T	N	M	R	A	K
H	D	Q	F	M	E	T	B	T	M	J	R	S	Y	Y	H	N	K	C
F	J	U	Q	F	C	T	O	N	Z	P	X	D	A	V	A	T	E	H
W	U	A	M	Y	L	K	O	O	R	R	L	T	I	H	D	V	G	O
M	I	T	S	M	V	Z	T	D	V	B	J	S	C	E	F	I	L	K
M	Y	Y	K	H	H	E	H	X	Z	N	Q	A	L	I	I	U	T	L
T	Q	Q	I	S	C	V	X	H	D	N	N	S	T	J	Q	R	I	A
A	P	Q	X	I	M	I	X	S	B	Z	I	J	T	A	I	S	C	T
L	H	A	C	E	U	J	P	H	M	C	V	N	T	D	K	U	E	H
K	V	H	S	R	C	O	U	O	B	W	X	G	I	S	W	E	A	T
I	Z	U	P	O	Z	R	Y	B	C	Q	E	G	L	V	P	O	C	M
K	G	C	R	M	E	T	T	S	J	I	C	F	O	A	J	C	J	W
V	A	M	U	E	S	T	U	R	E	R	K	P	E	O	J	S	B	V
E	X	M	V	U	C	F	Y	B	F	X	B	J	X	X	F	P	U	A
Z	J	W	J	G	E	N	V	O	E	D	A	S	G	N	F	M	D	G
E	I	T	C	W	H	N	A	H	Y	G	V	P	G	H	Q	D	G	T
A	F	H	U	U	H	E	Q	D	T	L	Y	C	N	F	M	Q	E	R
H	K	M	B	O	W	D	I	O	A	I	X	Z	D	I	E	R	Q	M
L	E	T	S	U	B	P	Q	N	V	D	W	H	M	H	T	Y	H	R
D	O	N	T	F	O	A	H	K	N	E	S	A	E	L	P	P	G	S
J	C	Y	K	X	A	Y	E	O	I	O	M	O	R	E	G	T	G	R
N	P	B	C	Y	E	N	H	T	A	S	C	M	J	W	D	O	N	U
A	J	L	Q	H	W	R	D	A	U	G	S	D	Y	P	C	C	X	K

1992 Hits

LETS TALK ABOUT SEX
DAS BOOT
TO BE WITH YOU
RHYTHM IS ADANCER
ITS MY LIFE
SWEAT
MORE AND MORE
PLEASE DONT GO
DONT TALK JUST KISS
JIVE CONNIE

Z	B	E	T	V	B	K	X	D	H	Q	P	W	V	B	T	K	K	R
J	G	A	D	U	O	R	P	V	I	H	H	Y	M	F	L	L	I	H
P	B	Q	W	Q	Y	E	L	I	M	F	A	C	Q	T	A	N	R	L
J	K	Y	X	R	X	G	X	V	S	I	R	J	A	J	V	D	R	Q
D	A	V	X	P	H	I	L	I	P	O	A	S	I	M	O	V	R	A
Z	N	C	D	S	N	I	K	R	E	P	C	A	A	S	I	K	M	I
O	Z	F	K	S	J	X	U	P	P	U	D	B	M	Y	N	T	A	Z
L	Z	N	H	O	R	D	Y	L	P	B	F	R	H	Q	H	A	F	D
A	H	H	R	T	I	D	R	A	B	M	O	L	P	O	C	P	S	R
N	K	W	R	W	K	F	W	R	P	X	V	M	R	M	R	E	P	E
T	E	P	N	C	D	B	H	R	M	A	I	Y	E	E	N	Y	L	C
H	P	W	Y	O	E	Y	K	F	B	H	R	H	K	E	T	N	I	L
O	O	O	W	C	G	O	L	U	X	G	B	N	L	A	E	R	S	Q
N	E	Z	H	C	C	N	S	O	U	J	E	R	O	R	P	G	K	J
Y	A	O	Q	M	I	B	U	I	D	H	A	R	N	L	X	E	O	J
I	V	A	W	G	O	S	R	W	N	M	Z	M	P	Z	D	N	V	A
Q	T	J	W	H	X	A	Y	J	H	L	B	M	Z	M	N	G	A	F
X	H	K	S	L	V	R	C	Y	M	K	B	B	D	E	H	I	T	U
J	N	D	Y	P	Z	A	G	J	S	C	I	H	Y	W	S	V	B	H
R	I	Q	B	I	F	H	C	R	C	D	W	N	Q	C	I	E	Y	V
H	C	I	R	T	E	I	D	N	R	J	N	I	S	X	G	L	J	N
P	J	A	N	I	L	O	R	A	K	E	W	C	D	N	X	E	L	J
F	G	Y	H	G	J	G	C	K	B	T	D	N	A	R	B	D	R	Y
J	G	Y	G	Q	I	W	V	C	Z	Z	L	G	X	T	C	G	A	Q

1992
geboren/ gestorben

geboren:

gestorben:

JACK ARNOLD
ISAAC ASIMOV
BENNY HILL
MARLENE DIETRICH
ANTHONY PERKINS
WILLY BRANDT

W P B Q U D S Y E Q O X U M H B U X G
R H O H D V Y P V X M W K X B V F N Q
O O C Q L S K P D P D D O O R O Q J W
S T F R T F O Z V N D Z U Z J H Y B U
T J C N N N C G O O R Y N J U C I D I
I R A P K K J N K Y M N K J U F M Q M
U W O E I M M Q A S V O O Q S C W W N
O F I D S O C L E O F F V A L Q F J D
Y R N E T V H I L S N J N C R C K I V
M A H C P R L Y Z C Q Y W E Y A U L T
C F E N H I G I J K T C Z Y V A Y A R
Z W R F B D Y E N H Q I Z V K O H R T
U O D O W U N U I S H E R O M W L H H
V N G L H K O N I V A L L S L O V E A
H K T H T M G Y F M D K A K S J H R T
B N M Z Y D A V O A Y L L I W I C S Z
G M W P R O S R R E L D E C F D V J R
N H Z R I E E K A H I W O U L D Z R W
I P R R R A M U Q S B S A X H J S Z N
V W I W J P U R W E S T S Y D B N B J
I X T J B B X O O Y W M U T S G W N P
L Y L T V U E E D F H K N I A V O U Z
P P E S M P L J O M N K Y U A H D Z C
U O Z J K Y T V A Q L I E V O L W T O

1993

Hits

MORE AND MORE
WOULD I LIE TO YOU
I WILL ALWAYS LOVE YOU
ALL THAT SHE WANTS
INFORMER
MR VAIN
WHATS UP
GO WEST
ID DO ANYTHING FOR LOVE
WHAT IS LOVE
LIVING ON MY OWN

T	Y	V	C	N	B	L	H	W	I	E	K	R	A	W	A	F	E	A
F	B	T	H	I	E	M	V	H	P	N	R	N	Z	P	B	A	R	C
E	N	V	V	G	N	W	P	C	R	L	A	Z	A	G	P	T	C	U
R	B	C	X	Z	R	S	H	E	P	B	U	R	N	R	H	A	O	Y
R	Z	W	I	B	E	A	H	G	F	N	Q	W	G	U	F	B	Z	T
U	H	U	N	W	T	V	N	V	B	G	T	H	R	J	G	X	V	A
C	M	X	E	N	T	H	Q	D	O	Q	H	C	N	D	D	J	R	N
C	S	C	O	Z	U	G	Q	E	E	V	F	E	L	L	I	N	I	A
I	R	F	H	D	Y	J	X	X	S	J	C	M	M	E	U	X	R	I
O	F	E	P	F	G	H	D	G	B	C	I	C	T	F	L	R	I	R
Y	N	D	F	W	L	Q	G	B	E	R	O	E	I	K	H	L	V	A
D	L	E	C	C	W	O	L	X	U	G	W	B	G	N	E	R	I	X
E	Y	R	C	N	S	E	D	L	H	K	M	Z	A	J	I	N	R	A
O	G	I	V	H	K	G	J	U	A	X	G	Y	Y	R	S	M	S	M
B	P	C	O	G	C	Y	U	E	R	M	I	W	G	S	E	H	O	E
W	C	O	X	P	Y	L	A	F	R	W	B	Q	D	J	E	J	F	D
H	G	K	C	E	J	E	N	J	W	U	N	O	Z	F	E	C	O	X
H	J	K	Q	X	N	A	R	T	V	O	N	J	R	B	E	E	L	R
N	R	A	T	V	N	O	K	D	H	S	V	I	G	G	R	B	I	H
Z	X	U	D	G	L	P	D	P	U	N	C	U	I	I	H	L	C	Z
T	V	D	C	E	Y	R	T	N	T	A	M	Q	V	B	I	I	H	U
H	N	H	M	G	E	O	L	B	A	P	X	E	V	G	C	O	N	Y
P	Q	D	L	H	H	L	I	E	L	R	R	B	U	M	S	W	Y	I
M	O	S	M	F	Y	K	A	Q	L	V	B	N	S	K	R	K	O	Z

1993

geboren/ gestorben

geboren

DOMINIC THIEM
ARIANA GRANDE

gestorben

RUDOLF NUREJEW
AUDREY HEPBURN
ARTHUR ASHE
FERRUCCIO LAMBORGHINI
BRANDON LEE
FEDERICO FELLINI
RIVER PHOENIX
PABLO ESCOBAR
FRANK ZAPPA

B	V	V	Q	H	N	M	C	Y	D	Q	D	J	V	J	O	I	F	D
Z	U	W	M	H	A	J	I	C	R	A	L	L	G	Q	J	A	I	E
X	Q	T	H	G	I	N	S	A	E	S	I	G	N	E	X	M	W	W
N	K	R	E	Y	E	H	T	C	I	J	O	E	X	S	F	Q	W	Q
M	V	H	X	I	B	C	R	T	O	F	A	L	P	J	V	E	B	V
C	X	R	A	L	P	D	E	T	I	N	U	F	A	D	A	O	X	E
I	J	L	U	A	O	K	E	N	Y	D	G	W	I	M	H	J	L	R
T	K	Z	N	H	L	T	T	V	V	K	A	N	H	Q	Y	A	X	V
D	P	B	T	K	I	H	S	T	A	U	F	E	P	L	B	S	K	M
W	E	Z	P	R	Z	T	I	C	Y	G	C	Y	L	F	C	N	F	S
W	E	R	P	J	E	J	Z	O	J	J	W	D	E	P	W	O	S	U
W	U	W	O	L	I	F	V	Z	L	B	L	O	D	H	Q	T	G	B
R	U	P	L	L	L	W	E	O	D	Q	Q	B	A	A	H	T	R	L
X	Z	A	M	R	Y	T	V	M	Z	P	J	Y	L	A	Z	O	B	M
N	P	C	A	S	E	L	O	E	R	E	O	R	I	T	B	C	Q	T
P	I	F	V	J	Z	X	L	N	S	N	N	E	H	J	Y	O	J	S
L	M	I	O	Y	V	T	G	U	O	I	G	V	P	X	R	X	U	J
G	S	Q	S	R	O	Q	H	O	E	W	L	E	G	P	H	A	P	T
F	C	G	O	B	U	U	Z	E	S	A	T	U	R	D	A	Y	F	U
S	T	U	O	H	T	I	W	C	F	S	W	V	U	Q	S	O	Y	L
Y	N	U	O	J	I	C	E	Z	I	R	A	E	W	S	I	E	A	G
B	E	V	O	L	V	E	I	F	H	J	I	J	I	G	N	I	S	F
S	B	U	S	L	E	R	E	A	E	F	N	B	Y	Q	N	I	Y	X
X	F	J	G	I	P	F	L	W	P	Z	G	Z	Q	S	N	P	H	O

1994
Hits

THE SIGN
ALL FOR LOVE
OMEN DREI
STREETS OF PHILADELPHIA
WITHOUT YOU

UNITED
ISWEAR
EIN ZWEI POLIZEI
SATURDAY NIGHT
COTTON EYE JOE
LOVE IS ALL ABOUT
EVERYBODY

Q Z F Z N Z D B A V U L T E W H R C E
V N K C O X K D Z L F I X J M V M C C
D A B B H W N V V D D I O P U L C A L
E D V B R A C D M C J E U N H S P G Y
R E R N T E L L Y E A W T Q S I T H Y
I K P U J E B M G P O J O H T J E I V
C C R S B C Q F B A G M L A M P B G N
H I F O N Z X M W K K H L A Z V Y K M
Y H E U G E N I E P K R S R K D J I F
B C B I E B E R N Y C C Z B F U M N D
F S U D A U B U J C R R B W M Y A R C
H V H L F Y O H F G D U S A L A V A S
D N O S H M U T I R N E C K U U K G L
X F C F P U C E P E U H F I H K H S C
X U B G T V H L Z T C M D N I P T U R
G F R D C J A X J E U A K X W L C Z E
G G M V Z Z R A K B S N J O H N Q U K
F T S R R J D Q W R H N G L E P U N C
K P A O G I N K U F I U A Z Q R Z O E
P V T R J V K A K M N F A U G E N T N
X J O C C B U G V M G M L G I T I R O
T P M J G D R C A N N E S A O E E Y H
V D C A N D Y X C R C H M D N P H A E
C S A P C S Q K H T I C W F S S G L N

1994
geboren/ gestorben

geboren

EUGENIE BOUCHARD
JUSTIN BIEBER
CAPITAL BRA

gestorben

TELLY SAVALAS
JOHN CANDY
AYRTON SENNA
ERICH HONECKER
GRETE SCHICKEDANZ
PETER CUSHING
HEINZ RUEHMANN

I A W R H Z O M B I E H D Y I L Q K F
I L P D U A P T P S N A M T A C S E U
L R L S Y Q J D K T G E K G E R N W C
M P O C O Q G E L A S L T B E J G W D
Z N A Q F M X G B R G R S E O R E Y E
G V S P R T G A D X O Y E U Q O E O G
A G Q V T S I N W P B W U A D O M W J
U C O T T O N G E A S O Q C D G U A I
F L S D G V V S G R T U N B B I Y B J
Y L T B H B G T K A L R O J G Z L S A
K F K V M U B A H D O D C D I Q K A I
Z T E S D I E S I I V B H E W Y V D I
E F E B F F E W P S E K T J A H I E O
O G E I S D I F I E R S R Y N S N B I
G F J B T S A R M W J N A N N G R U J
V N P A H S H O Y G O Y E T A B B N R
J D B C M E O U X R L P T I W C U O N
P C O K R B J O A E I P N G C B F G N
O Y O E N W I X Z F E I O P W J Y I B
Y M M B Z E T D U P Y H D R I M A I E
D Y T I N A Q E O I O A D V V F S S B
H U Y P W I W H A O U P A R A D I S E
H E O B N A I E Y R G C S G P X P L Q
M C T O R L W B K R S O R E G M I Z F

1995
Hits

COTTON EYE JOE
TEARS DONT LIE
ZOMBIE
CONQUEST OF PARADISE
BACK FOR GOOD
BE MY LOVER
MIEF

WISH YOU WERE HERE
SCATMANS WORLD
BOOM BOOM BOOM
IWANNA BE AHIPPY
SIE IST WEG
GANGSTAS PARADISE
EARTH SONG

I	D	S	G	C	W	U	Y	E	D	A	R	N	O	K	W	X	O	K
W	Z	J	H	W	O	R	V	J	Z	I	A	K	U	I	W	X	S	Z
Z	C	W	Q	G	L	E	J	H	E	U	T	Z	G	K	M	J	H	D
B	F	B	A	E	F	Z	G	N	X	A	M	N	I	F	L	M	J	E
I	S	J	T	U	M	J	N	O	Z	I	E	M	M	Y	L	Q	O	K
L	Y	X	J	G	A	Y	N	Y	I	R	M	J	E	J	Z	X	S	Q
O	R	J	C	E	N	O	D	X	U	I	Q	U	I	A	H	I	H	P
R	J	R	P	N	L	G	A	L	C	E	Z	S	B	O	B	S	U	P
F	J	V	E	E	Z	H	X	H	J	J	W	R	Q	H	A	Y	A	K
J	D	D	S	M	M	H	P	O	A	W	P	I	M	S	A	F	B	U
Y	N	Y	Z	K	P	F	A	L	P	W	B	L	K	W	R	O	S	S
E	M	P	S	X	B	F	F	D	I	H	L	G	C	Q	H	J	I	Y
J	G	J	K	S	C	H	L	U	E	T	E	R	U	D	H	G	C	Y
U	J	K	M	S	V	Y	J	O	G	F	M	C	E	G	A	I	A	M
X	A	S	H	O	T	T	O	P	P	Z	S	G	Z	E	D	S	I	M
Q	L	N	Y	P	Y	E	E	G	X	P	R	C	M	F	Q	E	P	Q
L	N	B	A	A	P	F	P	J	K	Y	F	I	M	H	G	L	A	C
H	X	Y	O	E	N	F	K	O	Q	Z	C	E	C	Z	V	A	E	R
J	I	V	K	L	D	R	G	O	R	H	Q	X	L	E	X	I	M	G
N	L	Q	G	O	V	T	K	L	A	B	B	P	Z	D	Q	J	W	R
Q	Y	N	H	K	B	G	S	E	D	D	W	Q	G	U	W	X	A	S
L	U	D	F	E	V	O	L	M	D	L	K	B	K	Z	S	J	K	R
N	I	T	R	A	M	K	C	A	J	M	G	N	H	O	J	E	Z	E
A	W	X	V	P	G	F	P	R	E	N	N	U	R	B	Q	T	T	D

1995

geboren/ gestorben

geboren

JOSHUA KIMMICH

gestorben

BOB ROSS

MICHAEL ENDE

KONRAD ZUSE

DEAN MARTIN

GISELA SCHLUETER

JOHN BRUNNER

EUGENE WIGNER

WOLFMAN JACK

TIL KIWE

V	M	S	K	C	H	G	G	D	Q	F	Z	W	O	T	F	O	I	M
I	E	Z	Z	X	F	X	N	Y	O	R	P	T	T	O	B	G	B	E
N	M	R	A	W	X	S	C	I	X	N	V	I	L	S	D	E	R	E
S	V	W	P	O	B	G	K	D	L	Z	T	M	D	M	T	E	G	R
O	G	D	M	I	R	Y	H	W	U	L	P	F	K	A	J	G	C	A
M	O	V	K	L	S	A	N	L	D	H	I	J	C	C	U	V	O	C
N	K	E	K	Q	Y	S	U	G	X	Z	E	K	Z	A	O	S	C	F
I	L	N	T	B	W	A	N	N	A	B	E	S	P	R	V	V	O	T
A	N	H	H	N	H	E	H	W	D	E	E	R	T	E	N	P	W	P
C	E	F	H	S	C	E	G	N	I	S	S	I	M	N	A	Z	R	H
H	S	H	F	A	W	O	D	P	X	T	X	W	Z	A	U	L	J	K
I	W	Y	M	O	N	J	A	E	G	E	R	M	E	I	S	T	E	R
L	K	V	H	K	Z	J	W	X	D	O	J	J	Y	R	D	M	Y	F
D	W	A	N	O	R	D	Q	E	Q	G	A	L	S	E	W	Y	G	I
R	Y	R	N	H	B	Q	F	D	S	C	T	R	A	A	S	Z	O	O
E	X	H	F	G	T	Q	E	U	G	F	X	N	B	C	L	F	O	O
N	E	R	O	S	X	Y	Y	A	O	O	N	O	F	P	H	D	D	B
Z	T	L	E	M	O	N	U	S	C	T	U	I	R	E	B	T	B	M
Q	N	X	A	M	Y	S	E	L	F	T	E	V	L	X	I	O	Y	A
D	A	P	C	H	C	M	T	Q	J	E	N	P	P	M	W	D	E	J
I	C	J	K	I	T	P	G	C	P	W	I	K	E	J	N	S	M	H
C	I	S	P	A	C	E	M	A	N	B	E	Z	Q	T	Q	V	S	H
H	F	H	Q	B	L	I	O	M	J	P	L	H	O	L	J	Z	D	H
C	D	O	K	K	T	Y	A	G	M	E	K	X	X	K	T	X	Q	T

1996

Hits

MISSING
SPACEMAN
LEMON TREE
CHILDREN
MACARENA
THE DONT CARE ABOUT US
KILLING ME SOFTLY

ICANT HELP MYSELF
WANNABE
ZEHN KLEINE JAEGERMEISTER
VERPISS DICH
TIME TO SAY GOODBYE
INSOMNIA
COCO JAMBOO

L	V	Q	S	H	L	Y	S	F	C	K	G	U	K	N	C	X	N	Q
J	Z	Q	Z	V	T	I	J	M	Y	X	A	L	Y	K	E	D	E	S
P	M	T	G	P	T	V	P	B	F	F	Y	I	W	R	N	O	A	I
J	E	N	E	G	R	J	T	D	C	A	R	H	W	B	X	W	Z	B
W	L	M	M	E	F	R	A	N	C	O	I	S	J	R	T	O	N	A
M	J	S	I	A	V	G	V	T	I	N	S	P	X	R	N	K	H	R
G	L	S	L	G	T	O	I	X	S	Q	Z	S	W	P	A	S	A	E
H	E	E	V	F	I	T	Z	G	E	R	A	L	D	J	A	U	H	T
R	S	L	N	M	B	P	E	S	S	O	A	H	F	P	A	S	A	T
F	Z	L	R	C	Z	R	H	O	T	M	T	L	L	T	T	O	F	I
M	O	A	Q	W	H	Q	X	J	H	O	N	E	I	A	A	D	T	N
M	U	K	O	I	W	I	C	A	H	R	N	R	N	V	D	I	U	I
E	L	W	T	L	P	L	N	Q	R	E	Q	L	J	G	Q	G	W	Z
Z	R	T	O	H	C	S	X	W	R	E	U	T	T	W	K	N	A	V
F	O	O	B	E	S	Q	A	Y	J	V	D	P	D	E	T	L	D	M
Q	X	Q	P	L	F	P	L	Z	F	U	X	I	L	N	R	L	I	S
T	Q	W	Z	M	A	L	R	O	X	O	F	L	E	Z	A	E	S	O
Q	O	D	G	T	H	X	Q	I	O	Y	Y	P	P	N	J	R	L	I
L	A	D	N	A	R	E	T	T	I	M	H	F	E	P	H	A	B	R
M	N	M	R	E	Z	T	A	K	Z	V	Y	W	K	O	C	C	J	U
S	U	J	U	L	I	A	N	K	P	Z	R	B	B	O	C	A	S	V
X	N	G	W	J	R	A	H	F	B	P	Z	J	S	N	S	T	Q	K
H	R	E	F	P	G	H	K	M	Y	K	E	T	H	Y	R	A	O	H
V	W	Z	K	I	I	Y	Q	Q	L	F	E	C	U	N	V	P	Z	D

1996

geboren/ gestorben

geboren

MATTEO BARETTINI
JULIAN BRANDT

gestorben

FRANCOIS MITTERAND
GENE KELLY
ELLA FITZGERALD
HANS KATZER
MAGDA SCHNEIDER
RIO REISER
RENE LACOSTE
WILHELM HAHN

M	E	O	R	I	E	N	A	J	Y	I	Y	O	A	A	D	J	T	R
E	P	P	Y	H	A	S	N	A	L	B	N	S	R	L	K	L	T	G
N	U	V	M	X	O	K	S	L	R	Z	B	L	I	Q	T	G	U	T
O	T	P	S	S	K	S	Q	D	F	I	U	R	M	M	A	E	E	I
E	K	K	A	E	P	S	A	P	K	N	I	O	Q	Z	Y	B	A	H
I	D	E	R	P	O	H	C	O	H	T	F	X	Y	F	X	Z	J	V
H	H	A	J	B	I	C	I	A	Y	O	V	B	K	X	C	I	N	S
P	R	S	X	L	C	I	F	B	V	E	S	J	Q	I	S	I	Z	H
O	X	V	A	O	M	N	H	J	N	V	K	H	B	L	A	C	K	E
D	L	A	Q	M	J	O	O	N	L	T	Z	I	X	P	B	N	O	E
T	R	Q	H	D	B	S	B	G	B	N	I	T	L	V	X	T	J	N
E	R	Z	I	U	U	A	H	G	Z	B	L	T	B	W	H	L	L	L
C	M	U	W	R	A	L	C	H	L	P	I	T	S	C	Z	R	K	G
K	D	I	T	A	G	Z	I	X	X	N	E	G	I	J	W	X	R	E
B	F	S	T	E	R	T	M	U	J	I	B	N	Z	Y	H	H	U	L
C	E	G	E	M	C	U	O	F	B	M	S	M	M	E	O	E	G	E
I	X	P	R	P	C	J	M	M	Q	H	T	E	I	Y	E	F	I	K
G	H	C	Y	I	J	W	D	N	D	F	U	V	S	B	D	M	R	A
O	H	H	S	R	B	A	R	B	I	E	C	Y	S	D	P	E	L	S
X	C	R	T	E	W	O	G	U	K	L	A	F	I	O	Q	L	J	P
K	U	M	T	R	C	N	H	Z	G	K	M	C	N	O	T	I	N	G
K	P	N	V	J	K	Q	L	O	N	E	L	Y	G	G	C	S	D	T
X	O	Y	K	V	G	K	H	B	I	I	W	J	N	G	I	Z	B	U
D	O	T	A	H	T	F	T	S	U	Z	B	E	E	Q	W	D	Q	T

1997

Hits

TIME TO SAY GOODBYE
WARUM
DU LIEBST MICH NICHT
SONIC EMPIRE
ILL BE MISSING YOU
MEN IN BLACK
BARBIE GIRL
ITS LIKE THAT
DONT SPEAK
SAMBA DE JANEIRO
LONELY

H	Y	Y	T	L	F	S	B	U	R	R	O	U	G	H	S	K	H	U
K	P	W	T	N	A	J	T	F	H	N	G	G	J	S	E	Z	R	Y
V	L	W	V	Z	G	P	T	U	C	Z	Y	Z	A	L	Y	Y	N	K
Q	H	N	E	W	I	Z	V	J	U	L	V	O	R	C	O	P	L	W
O	L	E	M	C	Z	R	G	L	W	R	R	E	K	U	R	W	A	B
U	I	M	M	Z	A	H	O	Q	V	O	B	L	R	J	A	K	P	U
D	K	S	M	M	B	S	W	B	S	S	O	Z	I	E	R	G	P	N
O	F	E	I	F	P	E	R	E	E	J	F	S	A	F	V	T	Z	Y
C	E	L	T	M	P	A	X	E	L	R	O	N	P	E	R	W	W	A
J	V	A	C	C	P	U	W	U	V	N	T	F	I	C	B	N	T	E
E	D	W	H	C	I	C	N	E	B	W	D	Y	C	M	D	W	K	V
L	K	N	U	A	W	G	L	N	J	P	E	X	U	J	M	T	M	L
E	M	G	M	Q	F	X	G	M	O	Y	N	O	O	Y	D	N	O	V
N	R	U	F	T	H	X	W	M	L	Q	F	A	P	U	R	J	H	K
A	F	B	T	K	T	D	G	A	Z	A	M	J	B	A	H	W	T	V
K	I	H	Y	L	F	B	L	I	C	W	H	E	H	B	N	P	R	E
F	N	L	Y	D	N	D	A	L	L	W	U	T	O	E	T	S	A	B
R	N	O	V	W	N	F	S	L	U	B	U	S	E	Z	Y	S	W	A
E	A	O	B	L	Y	A	V	I	X	O	J	D	C	K	D	E	E	N
T	V	A	S	E	R	E	T	W	S	B	Q	U	U	R	C	M	T	A
T	A	F	X	A	A	L	E	X	A	N	D	E	R	C	C	A	S	I
U	I	Y	G	N	S	M	O	K	N	E	P	A	T	S	O	J	H	D
M	G	H	S	U	I	L	U	J	J	K	Y	X	J	J	E	J	Y	Z
X	T	C	C	M	F	T	G	B	D	A	D	N	I	L	E	B	D	U

1997
geboren/ gestorben

geboren

BELINDA BENCIC
ALEXANDER ZVEREV
JELENA OSTAPENKO
GIAVANNI VERSACE
DIANA VON WALES
MUTTER TERESA

gestorben

ROBERT MITCHUM
JAMES STEWART
JULIUS HACKETHAL
WILLIAM SBURROUGHS

N	G	L	H	O	M	G	A	G	O	T	C	H	F	B	Z	O	L	S
L	K	M	N	I	A	V	L	Q	O	F	I	O	F	V	N	C	A	E
M	A	P	H	B	J	N	J	P	F	Z	R	K	P	F	U	J	O	Z
R	Z	T	K	E	I	O	Z	G	M	Q	U	Z	U	A	Q	H	W	T
W	P	I	E	L	A	P	U	N	W	I	Q	R	W	A	B	E	R	H
Q	U	J	X	I	D	Q	F	L	U	T	E	X	V	R	B	T	Z	E
C	J	P	F	E	B	Q	D	R	L	A	D	P	E	K	X	R	L	Y
P	Q	T	W	V	M	R	J	J	S	X	I	J	R	K	D	A	L	V
K	H	V	A	E	I	M	U	W	L	N	O	E	H	A	L	E	I	K
Q	T	F	T	S	I	M	M	O	R	T	A	L	I	T	Y	H	W	Q
U	Q	W	H	G	J	A	S	O	A	R	E	D	H	M	F	O	E	R
J	J	T	I	C	B	K	A	J	B	U	Z	R	C	L	K	P	K	B
J	H	V	S	Y	X	X	E	L	S	A	A	W	U	C	Z	B	L	B
K	I	E	B	L	T	X	I	H	S	T	I	N	A	D	I	Z	D	C
L	T	D	K	U	Y	K	F	W	S	F	H	L	B	O	A	Q	K	F
I	S	Q	Y	N	E	O	Q	A	O	L	G	W	A	O	J	D	R	M
J	Z	I	U	A	H	A	P	B	Z	U	H	M	R	N	T	V	I	G
D	S	E	E	Q	Y	U	L	T	P	G	E	U	D	T	D	O	V	V
X	T	I	I	D	S	S	M	N	M	Z	T	U	M	E	W	O	J	N
Z	U	Q	D	I	A	G	B	K	B	E	T	P	I	J	L	T	C	H
N	Z	C	G	G	A	R	D	C	X	U	O	C	U	X	I	T	Y	U
N	A	T	I	B	N	Y	K	X	I	G	L	F	F	J	V	S	M	G
X	M	N	S	M	H	T	U	O	P	E	D	U	P	A	O	Y	X	R
D	A	E	K	M	X	P	Z	S	Q	F	J	G	Z	L	C	J	U	U

1998

Hits

ITS LIKE THIS
MY HEART WILL GO ON
LA COPA DE LA VIDA
GHETTO SUPASTAR
BAILANDO
FLUGZEUGE IM BAUCH
BELIEVE
HIJO DE LA LUNA
OUT OF THE DARK
DIE FLUT
IMMORTALITY

30

1998

geboren/ gestorben

geboren

MALIKA AUGER ALIASSIME

LILLI SCHWEIGER

TARA FISCHER

gestorben

FALCO

ROB PILATUS

LOTTI HUBER

HANS JOACHIM KULENKAMPFF

BENRHARD MINETTI

RAIMUND HARMSTORF

FRANK SINATRA

J	O	T	A	H	T	E	I	S	N	D	G	O	M	I	H	R	G	K
W	B	B	H	Y	S	F	K	E	O	S	K	W	F	F	T	N	I	N
R	S	F	M	C	O	U	L	F	I	F	T	O	G	X	I	K	V	W
K	J	O	C	A	W	U	F	A	W	N	H	H	M	G	R	V	U	C
S	V	R	S	A	M	P	R	H	T	E	E	D	C	F	N	T	E	H
V	C	X	M	L	S	W	E	A	S	N	N	G	M	I	V	I	I	G
C	M	I	C	H	U	T	N	A	R	J	O	K	P	A	N	H	K	F
L	S	K	K	I	S	I	L	E	G	A	G	I	B	I	U	M	F	A
A	T	L	W	U	M	E	J	E	T	N	V	O	H	Y	T	O	B	X
E	F	A	E	S	Q	R	Z	D	D	C	T	I	C	O	C	I	N	O
U	N	Y	F	F	W	O	E	D	F	T	V	P	U	S	G	B	C	X
T	L	L	O	V	E	M	J	E	L	I	L	C	N	L	I	H	S	B
T	G	X	O	O	V	K	M	E	M	Q	H	G	V	X	B	E	L	K
H	X	Y	E	A	P	I	X	W	F	C	U	P	L	S	R	U	H	X
A	Y	A	M	Q	T	T	Z	U	C	D	U	X	R	M	E	U	V	T
R	I	O	A	U	D	Y	A	L	R	O	Y	E	X	G	I	W	Y	Y
D	J	Z	A	L	M	M	G	D	C	X	T	A	J	A	S	N	Z	K
N	X	M	Y	B	I	S	T	F	W	H	C	I	W	W	G	T	A	K
E	E	X	W	P	J	A	X	G	S	Q	H	O	M	N	V	M	U	M
H	Y	Y	O	E	G	N	V	M	X	Q	U	Y	H	L	M	G	N	R
C	B	V	N	J	N	Y	M	T	E	T	R	T	E	A	O	V	N	W
S	A	P	E	Y	R	U	Y	S	H	D	R	A	K	H	D	V	D	M
A	B	B	M	A	D	T	Q	E	T	V	A	E	T	N	O	O	E	B
M	Y	D	A	B	C	W	O	R	L	D	B	B	K	O	Z	B	L	H

1999
Hits

BIG BIG WORLD
BABY ONE MORE TIME
FLAT BEAT
IWANT IT THAT WAY
MAMBO NR FIVE
BLUE DA BA DEE
THE BAD TOUCH
SO BIST DU
MASCHENDRAHT ZAUN
MY LOVE IS YOUR LOVE
GENIE IN ABOTTLE
SIE SIEHT MICH NICHT
KING OF MY CASTLE

Q	T	P	G	G	F	F	F	Q	Q	G	X	N	F	R	B	C	W	X
P	E	D	D	C	F	C	W	U	I	E	X	M	E	W	K	R	J	M
H	D	I	X	P	D	I	L	K	R	F	G	J	Y	M	T	M	D	U
Z	N	F	V	R	L	E	L	F	V	E	M	Y	A	Q	D	E	L	X
E	F	S	Y	L	W	A	I	L	U	D	W	I	G	S	M	Y	H	L
T	L	Z	Y	B	R	W	V	R	N	A	J	K	U	F	H	K	A	D
R	Y	W	M	P	L	K	A	Z	F	M	L	Q	L	G	O	N	M	O
F	L	L	W	I	R	K	A	H	T	G	T	L	Q	V	R	A	W	X
K	B	X	W	E	L	B	Z	W	H	H	E	R	A	N	S	R	G	B
Z	I	B	V	O	B	L	U	L	Z	O	E	I	S	M	T	F	V	H
L	C	I	E	Q	F	X	O	B	G	P	I	I	S	T	O	E	U	J
U	L	S	G	I	W	M	K	W	I	A	L	E	N	X	W	H	A	Q
O	N	U	C	S	S	V	E	I	I	S	O	N	I	Z	F	N	T	G
E	B	H	I	U	H	H	W	P	R	T	K	E	W	V	N	S	N	H
G	C	D	P	R	G	A	Y	B	R	N	S	Z	E	R	H	N	A	B
L	I	L	O	W	I	T	Z	T	E	K	X	C	H	E	O	S	P	H
Z	J	L	E	T	D	G	A	P	E	Z	E	L	H	X	J	C	K	K
J	B	R	D	E	G	H	P	P	D	P	Y	N	X	J	A	A	P	L
R	W	A	H	O	M	T	I	G	N	A	T	Z	Z	F	T	T	L	T
W	T	V	W	G	R	O	E	G	B	D	O	O	O	V	M	M	B	M
J	K	V	O	G	Q	W	Y	P	S	K	W	D	L	H	D	A	B	Z
H	Y	X	C	W	R	B	T	B	X	A	O	H	M	B	X	N	W	C
N	E	B	J	V	T	P	Z	K	I	L	A	S	N	O	K	G	E	L
M	S	U	Y	J	V	F	L	O	R	R	P	A	N	E	O	X	Y	K

1999

gestorben

OLIVER REED
HORST FRANK
SIEGFRIED LOWITZ
IGNATZ BUBIS
WILLY MILLOWITSCH

HEINZ GKONSALIK
REX GILDO
JOHN SCATMAN
GEORG THOMALLA
ROLF LUDWIG

Lösung Nr.5
Lösung Nr.3
Lösung Nr.1
Lösung Nr.6
Lösung Nr.4
Lösung Nr.2

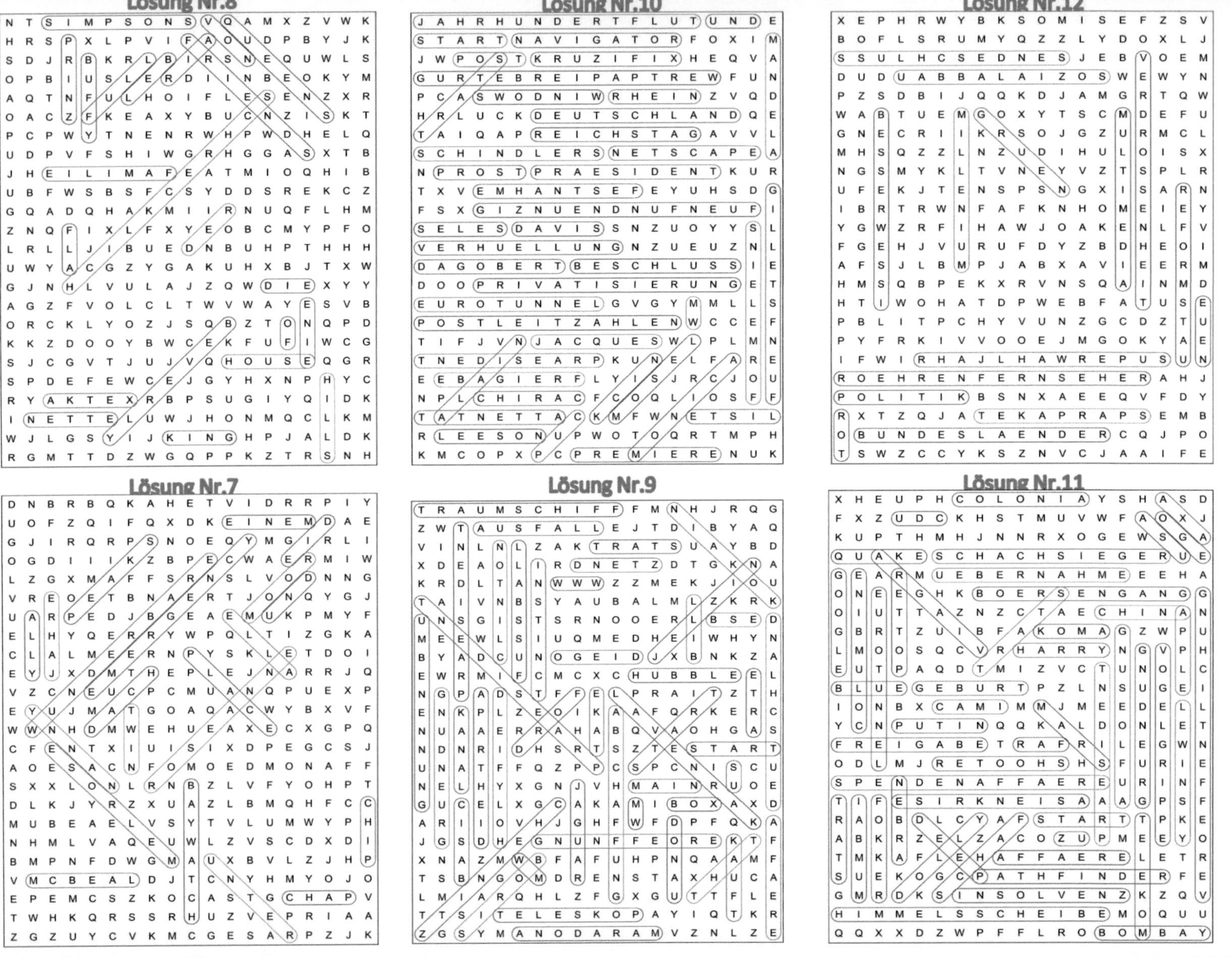
Lösung Nr.8
Lösung Nr.10
Lösung Nr.12
Lösung Nr.7
Lösung Nr.9
Lösung Nr.11

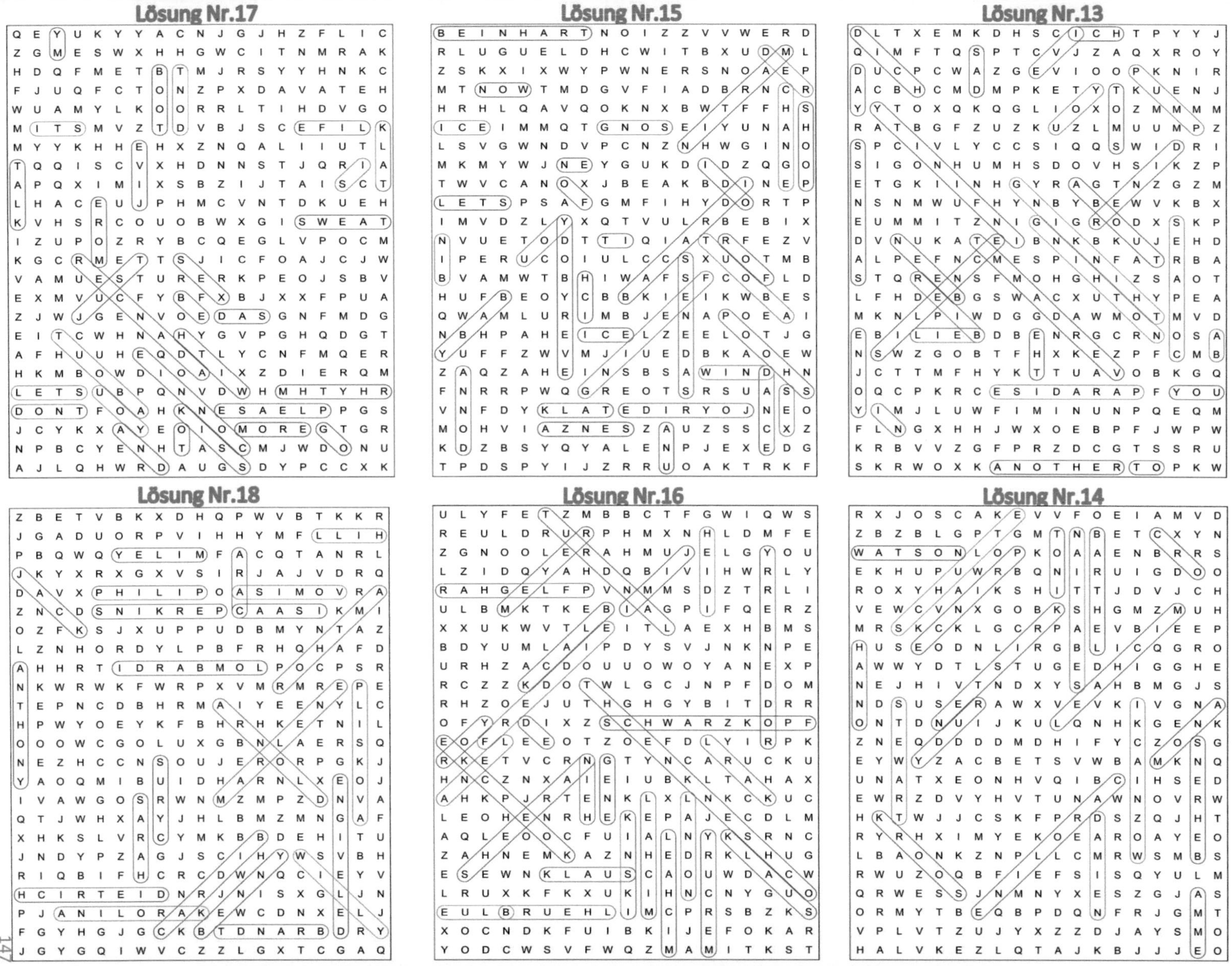
Lösung Nr.17
Lösung Nr.15
Lösung Nr.13
Lösung Nr.18
Lösung Nr.16
Lösung Nr.14

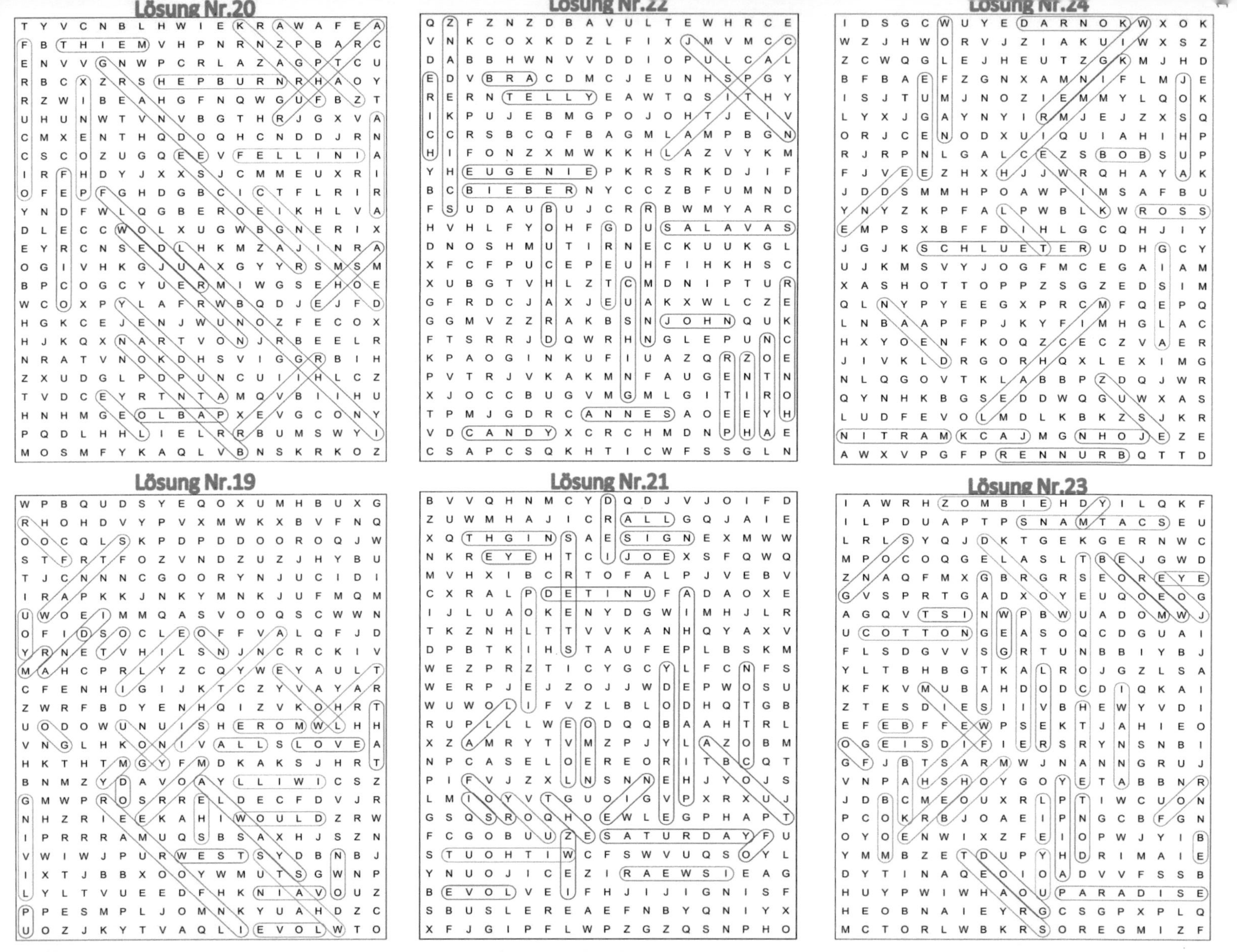
Lösung Nr.20
Lösung Nr.22
Lösung Nr.24
Lösung Nr.19
Lösung Nr.21
Lösung Nr.23

Lösung Nr.29
Lösung Nr.27
Lösung Nr.25
Lösung Nr.30
Lösung Nr.28
Lösung Nr.26

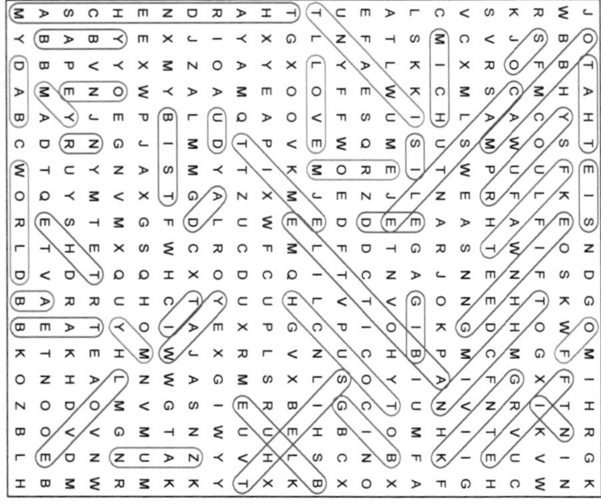

Lösung Nr.31

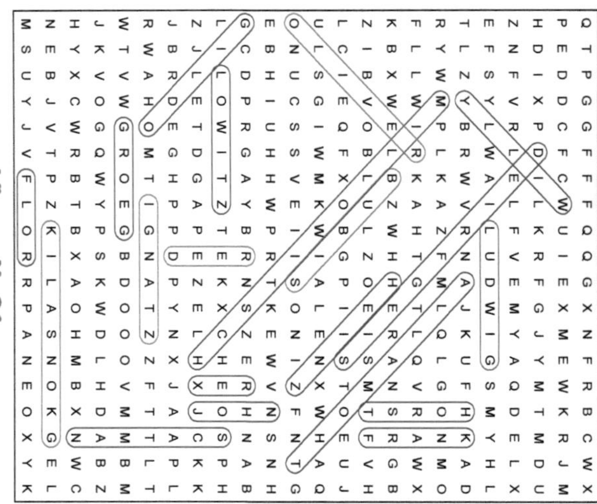

Lösung Nr.32

Weitere Wortsuchrätsel Sammelbände von Brian Gagg:

WORTSUCHRÄTSEL 4 in 1 SAMMELBAND 70iger, 80iger und 90iger Jahre
WORTSUCHRÄTSEL 2 in 1 SAMMELBAND 1. und 2. WELTKRIEG
WORTSUCHRÄTSEL 3 in 1 SAMMELBAND TENNIS, SQUASH und GOLF
WORTSUCHRÄTSEL 3 in 1 SAMMELBAND TISCHTENNIS, BADMINTON und MINIGOLF
WORTSUCHRÄTSEL 3 in 1 SAMMELBAND EISHOCKEY, FELDHOCKEY und SKISPORT
WORTSUCHRÄTSEL 3 in 1 SAMMELBAND FUßBALL, HANDBALL und BASKETBALL
WORTSUCHRÄTSEL 3 in 1 SAMMELBAND VOLLEYBALL, BOWLING und SCHWIMMSPORT
WORTSUCHRÄTSEL 3 in 1 SAMMELBAND REITSPORT, RADSPORT und SCHACH
WORTSUCHRÄTSEL 4 in 1 SAMMELBAND ANGELN, POKERN, FALLSCHIRMSPRINGEN und SKAT
WORTSUCHRÄTSEL 2 in 1 SAMMELBAND MUTTER und VATER
WORTSUCHRÄTSEL 2 in 1 SAMMELBAND OMA und OPA
WORTSUCHRÄTSEL 2 in 1 SAMMELBAND SCHWESTER und BRUDER
WORTSUCHRÄTSEL 3 in 1 SAMMELBAND BLUMEN, GARTEN und GRILLEN
WORTSUCHRÄTSEL 2 in 1 SAMMELBAND HUNDE und KATZEN
WORTSUCHRÄTSEL 3 in 1 SAMMELBAND SOMMER, HERBST und HALLOWEEN
WORTSUCHRÄTSEL 3 in 1 SAMMELBAND WINTER, WEIHNACHTEN und BIBELVERSE
WORTSUCHRÄTSEL 3 in 1 SAMMELBAND FRÜHLING, OSTERN und GEBURTSTAG
WORTSUCHRÄTSEL 3 in 1 SAMMELBAND BERLIN, MALLORCA und URLAUB
WORTSUCHRÄTSEL 3 in 1 SAMMELBAND UFO, SCIENCE FICTION und HORROR
WORTSUCHRÄTSEL 3 in 1 SAMMELBAND LEHRER, SCHULE und SPORTARTEN
WORTSUCHRÄTSEL 3 in 1 SAMMELBAND KRANKENPFLEGE, GLÜCK und BIBELVERSE
WORTSUCHRÄTSEL 3 in 1 SAMMELBAND KRIMINALITÄT, AUTOMARKEN und LUSTIGE SCHIMPFWORTE
WORTSUCHRÄTSEL 3 in 1 SAMMELBAND FREUNDSCHAFT, GLÜCK und LIEBESZITATE
WORTSUCHRÄTSEL 7 in 1 SAMMELBAND FRÜHLING, OSTERN, SOMMER, HERBST, HALLOWEEN, WINTER und WEIHNACHTEN
WORTSUCHRÄTSEL 6 in 1 SAMMELBAND TENNIS, TISCHTENNIS, GOLF, BADMINTON, SQUASH und MINIGOLF
WORTSUCHRÄTSEL 6 in 1 SAMMELBAND FUßBALL, FELDHOCKEY, EISHOCKEY, HANDBALL, BASKETBALL, SKISPORT
WORTSUCHRÄTSEL 6 in 1 SAMMELBAND VOLLEYBALL, RADSPORT, SCHWIMMEN, SCHACH, BOWLING und REITSPORT
WORTSUCHRÄTSEL 6 in 1 SAMMELBAND MUTTER, VATER, OMA, OPA, BRUDER und SCHWESTER
WORTSUCHRÄTSEL 4 in 1 SAMMELBAND BLUMEN, GARTEN, GRILLEN und SOMMER
WORTSUCHRÄTSEL 5 in 1 SAMMELBAND UFO, SCIENCE FICTION, HORROR, KRIMINALITÄT und HALLOWEEN
WORTSUCHRÄTSEL 6 in 1 SAMMELBAND BERLIN, MALLORCA, URLAUB, FREUNDSCHAFT, GLÜCK und LIEBESZITATE
WORTSUCHRÄTSEL 6 in 1 SAMMELBAND LEHRER, SCHULE, SPORTARTEN, GLÜCK, KRANKENPFLEGE und BIBELVERSE

Alle Themen auch als Einzelbücher verfügbar